KB192932

골목이 품고 있는 이야기
포비든 앨리
ⓒ포비든 앨리, 2022, Printed in Korea

초판 1쇄 인쇄 2022년 4월 07일
초판 1쇄 발행 2022년 4월 15일

글 | 전성호 · 이성규 · 장성탁 · 김경민 · 이고운

발행인 | 황외진
편집인 | 최창욱
기　획 | 원경희 · 이시용
제　작 | 김윤대 · 이상욱
책임편집 | 김정혜
관　리 | 원을식
디자인 | 한나영
사　진 | 부산 – 아나스타샤 한 Anastasia Khan
　　　　서울 – 제임스 루신 James Lucian
　　　　대전 · 청주 – 제임스 루신 James Lucian
　　　　대구 – 제이슨 틸 Jason Teale
　　　　경주 – 호세 노이 알론소 Jose Noe Alonzo
　　　　제주 – 존 잭슨 Jona Jackson
　　　　광주 – 안톤 숄츠 Anton Scholz
　　　　목포 – 캐머런 체이핀 Cameron Chafin

펴낸곳 | 바림
출판등록 | 제2021-000067(2021년 4월 28일)
주　소 | 서울시 송파구 백제고분로9길 10
전　화 | 02-789-9395
팩　스 | 02-789-0197

ISBN 979-11-974704-0-0 [03910]

골목이 품고 있는 이야기

포비든 앨리

Forbidden Alley

전 성 호

이 성 규

장 성 탁

김 경 민

이 고 운

barim

목차

慶

경주 ———

州

濟

제주 ———

州

光
州

木
浦

Q. 여행 프로그램 PD에게 해외 촬영은 여행일까?
A. 아니다.

상황 1 (선배에게)
"아! 선배!! 이번에 프랑스로 촬영 가게 되었어요!"
상황 2 (후배에게)
"잘 지내니? (네, 선배는요?) "아, 이번에 하와이로 촬영 가게 되었어."

내가 아무리 일에 찌든 목소리로 말해도 돌아오는 반응은 늘 똑같다.

"우. 아. 좋겠네~!!!"

PD 초년 시절에는 그게 뭔가 억울해서 항변하곤 했다.

출발하기 전에 얼마나 할 일이 많은데. 코디네이터와 통화하고 메일 주고받으랴, 가보지도 않은 나라 동선 파악해야지, 구글 맵과 번역기를 끼고 산다고. 요즘은 인터넷에 정보가 잘 나와 있어서 좋지만, 문제는 양이 너무너무 많아. 좀 더 좀 더 욕심냈다가는 끝도 없는 정보 지옥에 빠진다고. 게다가 기안이며, 행정 업무도 좀 많은지… PD가 비행기 티케팅까지 하는 건 대한민국에서 우리 회사만 그런 거 아닌가 몰라….

하지만 아무리 항변해도 '좋은 데 놀러 간다'는 시선에서 자유로울 수는 없었다. 물론 성격에 따라 다르겠지만, 나는 특히 스트레스를 더 많이 받는 편이다. 원체 손에 뭐 드는 걸 싫어하는 성격인데, 해외 촬영에서는 들 것이 너무 많다. 수백, 수천만 원이 담긴 전대에, 여권, 구성안, 명함, 휴대폰, 노트북…. 가끔은 트라이포드도 들어야 하고…. 늘 마음이 급해져서 물건을 들다 손톱이 덧나 신경을 긁고, 휴대폰을 화장실에 놓고 오고, 여권을 잃어버리는 등 생전 하지 않는 행동까지 하게 된다.

일정은 늘 촉박하고 출연료는 모자란다. 나를 제외한 모든 스태프는 좀 더 천천히 진행하고 싶고 나도 그렇게 하고 싶지만, 전체 일정을 보고 오늘 하루에 찍을 분량을 생각하는 것은 현장에서 나밖에 없다는 숙명에 처한다. 늘 재촉해야 하고 늘 기다려야 한다. 지금쯤이면 다음 장소로 넘어가야 하는데 말이다. 발을 동동 구른다. 그래서 장기 출장에는 늘 스태프와 다툼이 있는데, 관건은 오로지 잘 푸는 수밖에 없다. 잘 풀지 못해 돌아와서 서먹서먹했던 경우도 많다. 그렇게 육체적 피로와 정신적 스트레스와 싸우며 억지로 억지로 끌고 가며 돌파하는 것, 그게 해외 촬영이다.

Q. 여행 프로그램 PD에게 촬영은 여행일까?

A. 그렇다.

물론 일반적인 여행은 아니다. 오히려 풍경은 잘 기억나지 않는다. 뭐가 좋았는지도 모르겠다. 다만, 처음 만난 해외 코디네이터와 보이지 않는 신경전을 벌이며 일에 찌들어 있다가 어느 날 문득 서로 허심탄회하게 속마음을 털어놓을 때, 현지에서 10년 20년 살면서 쌓인 소회와 그리움까지 나누는 사이가 될 때… 그 순간들은 잊을 수 없다. 출연자도 마찬가지다. 방송이 처음인 외국인 사진작가도 우리가 편하지 않고, 우리도 마찬가지다. 말도 잘 통하지 않지만, 꾸역꾸역 10여 일을 같이 보내다 보면 어느 순간 찐한 브로맨스가 느껴질 때가 있다. (넌 아들이 둘이야? 난 딸이 둘이야. 사진 볼래?) 그런 순간은 참 잊히지 않는다.

무엇보다도 기획은 '이데아'다. 골목이라는 하나의 단어, 하나의 테마로 늘 고민한다. 뭐가 골목인지, 골목은 무엇을 의미하는지, 골목이 왜 소중한지… 늘 생각할 수밖에 없다. 마치 하나의 화두를 품은 명상가 같다. 그러다가 어느 날 하나의 장면을 만난다. 하나의 장면이 그냥 떨어진다. 결코 내가 만들었다고 할 수 없다. 수많은 가능성이 그냥 어느 순간 만나서 불이 확 붙는 것과 같다. 그러면 짜릿하다.

'아, 이게 골목이구나. 참 잘 표현되었구나… 골방에서, 머릿속에서 떠올린 하나의 이데아가 여기서 이렇게 꽃을 피우는구나.'

여행이란 게 보고 느끼는 것 아닌가. 익숙하지 않은 곳으로 멀리 떠나서 경험하는 것 아닌가. 그렇다면 여행 PD에게도 촬영은 여행이다. 좀 더 고생스럽기에 더 오래 기억되는 그런 멋진 여행 말이다.

그런 '여행'을 찐하게 다녀온 다섯 명의 PD가 책을 내게 되었다. 다들 구성안이든 자막이든 '글' 주변을 맴돌며 살아온 이들이지만, 책의 원고를 쓰는 일은 처음이라 부담이 컸다. 훌륭한 방송작가들이 있음에도 PD들이 굳이 글을 쓰게 된 것은 '촬영 현장'의 느낌을 더 오롯이 담기 위해서였다. 그런데 그 '현장'은 다양한 모습을 지닌다. 헌팅 때의 따뜻한 골목의 느낌이 본 촬영을 할 때는 너무나도 달라서 놀랐던 경우가 많다. 그 반대 경우도 마찬가지다. 그래서 쉽게 무엇인가를 판단한다는 게 얼마나 어리석은지 새삼 깨닫게 되기도 한다. 시시각각 변하는 촬영 현장의 다양한 느낌이 모두 프로그램 영상에 담기는 것은 아니다. 영상에 채 담기지 못한 그 느낌을 다시 떠올려 음미하며 글로 풀어나가는 일은 솔직히 고백하건대, 꽤나 행복한 작업이었다.

물론 본업을 유지하면서 '마감이 있는 글'을 쓰기란 참으로 힘든 일이었고, 마지막으로 이 글을 쓰는 지금도 힘들기는 마찬가지다. 하지만 좋은 프로그램을 만들어 세상에 전하고 싶다는 마음과 좋은 '책'이 되기를 바라는 마음은 그리 다르지 않을 것이다. 앞다투어 달려 나가는 세상에서 느리게 걸으며 읊조리는 정서를 전하고 싶고, 그래서 읽는 독자들의 마음이 따뜻해지는 그런 책이기를 간절히 바라고 있다.

'골목'에 대한 고민과 생각은 지금도 여전하다. 골목은 화려한 랜드마크 위주의 관광지를 돌아다니는 다른 여행 프로그램과 확연히 차별화되는 우리 프로그램만의 테마이다. 골목은 그 도시가 생겨날 때부터 존재했던, 말하자면 그 도시의 기원이자 정체성이고 맨얼굴이다. 도시가 성장하면서 골목은 쇠퇴해 가지만, 그 도시의 이야기를 마치 전설처럼 담고 있다. 관광객들은 몰라서 못 들어가고, 바빠서 안 들어가는 그런 골목을 천천히 걸으며 색다른 그림과 이야기를 담아내는 것이다. 그것도 '보는 것이 예민한' 사진작가의 시선으로 말이다. 그것이 〈포비든 앨리〉 프로그램의 '시그니처'이다.

이런 면을 높게 평가해 주셔서 〈포비든 앨리〉는 과분하게도 상도 많이 받았다. BTS, 유재석, 김태호 PD와 나란히 '제48회 한국방송대상'을 받기도 했고, 한국방송촬영인협회에서 1년 중 가장 영상미가 우수한 프로그램에 수여하는 그리메상도 받았다. 하지만 말하지 않을 수 없는 것이, 이 프로그램의 탄생은 어느 개인의 창의성에만 기인한 것이 아니라, 부산MBC PD들의 집단지성이 있었다는 것이다. 2000년대 초반 〈포토에세이 골목〉이라는 프로그램을 통해 '사진작가'와 '골목'의 조합이 얼마나 환상적인지를 이미 보여주었기 때문이다. 〈포비든 앨리〉는 사실 〈포토에세이 골목〉의 세계 버전일 뿐이다.

이왕 나선 김에 가능한 한 많은 골목을 보여주고 싶다. 이 책에 담긴 국내 도시들 외에도 이미 영국·프랑스·모로코·스페인·중국·러시아·핀란드 등지의 골목을 다녀왔고, 앞으로도 이탈리아·에스토니아·페루·인도·쿠바·크로아티아 등지로 떠날 예정이다. 부디 이 프로그램이 오래도록 장수하여 더 많은 골목의 이야기를 전할 기회가 있기를 간절히 바랄 뿐이다.

釜

부산 ————

山

성남이로

11

부산 매축지마을과 노부부의 정원

어린 시절 우리 집에는 화분이 많지 않았다. 지금의 나보다 어렸던 엄마가 식물을 키우는 일에는 젬병이었기 때문이다. 죽어버린 화분을 정리하던 젊은 엄마의 옆얼굴이 생각난다. 물을 준다고 줬는데 왜 항상 이러는지 모르겠네. 식물을 키우는 일은 내 곱슬머리를 야무지게 묶어주고, 눈 깜빡할 새 근사한 식사를 차리고, 무엇이든 못 하는 게 없는 엄마가 유일하게 잘하지 못하는 일 같았다. 몇 번의 실패를 겪고 난 뒤 젊은 엄마는 집 안에 초록색 화분 들이는 일을 멈췄다. 화분이 사라진 자리에는 가족들의 잡동사니나 내가 읽다 만 책, 동생의 장난감 같은 것들이 놓였다. 생각해보면 그 시절 엄마에겐 식물을 키우는 능력이 부족한 게 아니었다. 두 아이를 키우는 워킹맘에겐 살아있는 생명을 돌볼 실질적인 시간이, 여유가 없었을 뿐이다. 바쁜 남편 대신 두 아이 돌보는 일을 도맡으며 회사에 다니는 것만으로도 숨이 찼을 것이다. 일상에 치이느라 초록 이파리의 상태를 살피고 때맞춰 물 주는 일을 자주 잊었을 것이다. 출퇴근만으로도 기진맥진했던 사회 초년생 시절, 내버려 두기만 해

釜
山

도 웬만큼 잘 자란다는 스투키를 말려 죽이고서야 깨달았다. 그때, 하루가 다르게 자라나는 아이들 옆에서 소중한 화분을 정리하던 엄마의 마음은 어땠을까.

'포비든 앨리' 촬영을 위해 찾은 수많은 골목에서 누군가 돌보는 화분을 만나는 일은 흔치 않았다. 식물보다는 동물을 보는 일이 많았다. 누구도 돌보지 않는 지친 길고양이들이 부서진 폐가의 틈새에서, 낡은 지붕 위에서 우리를 쳐다보고 있었다. 좁은 골목 한편엔 그 애들을 쫓기 위한 페트병이 줄지어 있었다. 길고양이들이 물이 가득 담긴 페트병에 비친 자신을 보고 놀라 달아난다고 했다. 길고양이나 페트병 대신 낡은 골목에서 누군가의 손길이 느껴지는 초록색 식물을 발견하는 일은 쉽지 않았다. 그래서였을까. 부산의 매축지마을 골목에서 어느 노부부의 정원을 발견했을 때 그렇게 신기할 수가 없었다. 섬세하게 가꿔진 정원이라기보다는 정겨운 텃밭에 가까운 곳이었다. 콘크리트 벽을 등지고, 주차된 옆집 차를 바라보고 있는 그곳에서 탐스러운 오이며, 가지며, 이름 모를 푸성귀들이 자라고 있었다. 서울과 부산의 골목을 부지런히 돌아다니면서도 만난 적 없는 낯선 풍경이었다.

노부부의 정원이 있는 매축지마을은 우리가 갔던 부산의 골목 중에서 유일하게 평지인 골목이었다. 처음 매축지마을을 찾았을 때, 가파른 오르막길로 된 부산의 골목길을 돌아다니다 지친 상태로 평지를 만나 그저 반가웠던 기억이 난다. 매축지마을은 일제강점기 시절 해안을 메워 조성한 땅에 형성되었는데, 일본은 당시 전쟁에 필요한 군수 물자를 모으기 위해 이곳에 막사와 마구간을 지었다고 한다. 해방 후 6·25전쟁을 거치면서 피란민들이 마구간을 잘라 칸칸이 집을 지어 생활하던 것이 지금까지 이어져 온 것이다. 실제로 매축지마을의 골목은 무척 좁은데, 촘촘히 붙은 한 칸 남짓한 집들이 좁은 골목을 사이에 두고 마주 보고 있다. 매축지마을은 새로 지어진 아파트들로 둘러싸여 있다. 아파트들이 있던 자리는 본래 매축지마을의 일부로, 수년 전 재개발되었다. 한때 같은 동네였던 땅에 영어 이름을 단 높고 낯선 건물이 지어진 것이다. 노부부의 정원은 매축지마을의 한쪽 끝으로, 브랜드 아파트를 바로 등지고 있다. 거대한 아파트의 그림자 아래 보행 보조기를 끄는 할머니와 늘 그녀의 곁을 지키는 할아버지가 조그만 집에 딸린 정원을 돌보며 함께 살고 있다.

우리가 정원을 처음 발견했을 때 할머니는 어디에서 왔는지 모를 바퀴 달린 사무용 의자에 앉아 있었다. 거동이 어려운 할머니 대신 식물에 물을 주고 있는 할아버지는 할머니의 잔소리를 군말 없이 듣고 있었다.

"우아, 뭘 잔뜩 기르고 계시네요!"

정원을 신기하게 바라보는 우리의 탄성에 할아버지는 수줍게 웃으며 기르고 있는 식물들의 이름을 조곤조곤 읊어 주었다.

"이거 봐, 가지가 제법 크지?"

손바닥을 대며 씩 웃는 할아버지의 시선 끝에 다정함이 묻어났다.

"다른 것도 보여줘 봐요. 저기 상추도 있는데."

혹시 하나라도 잊을까 조급히 할머니가 말을 이었다. 텃밭에 가까운 그 공간을 정원이라 부르고 싶어진 이유였다. 노부부의 정원은 먹거리를 수확하기 위한 땅이라기보다 정성과 마음을 쏟아 가꾸는 공간 같았다. 가지치기가 잘된 커다란 나무나 공들여 가꾼 꽃 같은 건 없어도, 그곳은 걸음이 느린 노부부가 매일 함께 나와 다정한 손길과 시선을 쏟아 가꾸는 정원이었다.

"뭐, 별 건 없어. 이제 애들도 다 키우고 재미가 없으니까 매일 나와서 그냥 이렇게 있는 거지. 노인네 둘이서 심심하니까."

대수롭지 않다는 듯 웃는 할머니의 눈은 시종일관 정원을 가꾸는 할아버지의 등을 좇았다. 사진작가 아나스타샤는 노부부에게서 눈을 떼지 못했다.

"사랑스러운 커플이네요. 꼭 두 분의 사진을 찍고 싶어요."

몇 번이고 그가 말했던 기억이 난다.

매축지마을은 재개발로 인해 수년 안에 사라질 골목이었다. 이미 골목의 많은 집이 비어 있었고, 한때 동네 사람들로 붐볐을 가게들은 문을 닫은 지 오래였다. 노부부처럼 노인들만이 드문드문 보금자리를 지키고 있었다.

"재개발이 다 돼서, 나가야 할 때까진 계속 있을 거야. 여기가 우리 집이니까."

고층 아파트로 둘러싸인 낡고 오래된 집에 앉아 노부부는 그렇게 말했다. 골목이 사라지는 그날까지 그들의 하루는 변함없이 계속될 것 같았다. 보행 보조기를 잡은 채 천천히 걷는 할머니와 할머니 곁에서 걸음 속

釜
山

釜
山

도를 맞추는 할아버지. 낡고 헤진 사무용 의자에 할머니를 앉히고 할아버지는 그들의 정원을 가꿀 것이다. 투박하지만 정이 담뿍 담긴 할머니의 잔소리를 노랫소리처럼 들으며, 어제보다 자란 식물들의 크기에 기뻐하면서 말이다. 촬영을 위해 노부부의 정원을 다시 찾은 날, 정원은 그새 불어닥친 큰 장마로 제법 상해 있었다. 하지만 할아버지는 그 비를 견디고 살아남은 것들이 얼마나 건강하고 기특한지에 대해 말했다. 그중에는 아나스타샤에게 건넨 고추도 있었다.

"하나도 맵지 않아. 진짜야, 먹어 봐."

아나스타샤는 흔쾌히 고추를 베어 물고는 말했다.

"진짜 맛있네요."

그 모습을 보며 카메라 뒤에서 우리는 한참 웃었다.

곧 사라질 골목에서 노부부가 정성을 들여 가꾸고 있는 정원을 보며 무언가를 아끼고 돌보는 마음을 생각했다. 그 대상이 대단한 가치를 지니지 않아도, 심지어 곧 사라질 것이라 해도 상관없는 마음, 매일 빠지지 않고 느린 걸음을 옮겨 다정한 시선과 손길로 돌보는 마음, 할머니와 할아버지가 밖으로 나와 살피고 있지 않았으면 어쩌면 모르고 지나쳤을 마음, 노부부의 정원에서 아마도 우리가 발견하지 못하고 스쳤을 어떤 마음들을 떠올렸다. 길고양이들을 쫓기 위한 생수병들 너머에, 낡은 빈집들 틈에, 대수롭지 않게 스친 담 너머 어딘가에 분명 여전히 사람들이 각자 아끼고 돌보는 무언가가 있을 것이다. 그건 아마 지치고 병든 길고양이를 위한 밥그릇일 수도, 조그만 화분일 수도, 함께 늙어 가는 친구이

거나 살아갈 힘을 주는 소중한 추억일 수 있겠다. 우리가 카메라에 담은 골목 풍경에 그 모든 것이 담길 수는 없었겠지만, 운 좋게 담을 수 있었던 마음을 누군가는 발견해주면 좋겠다. 낡은 풍경, 사라지는 골목, 볼품없는 갈라진 벽 틈에 분명 숨 쉬고 있는 어떤 마음을 말이다.

그날, 노부부의 정원을 배경으로 아나스타샤는 그들의 맞잡은 두 손을 사진에 담았다. 그 두 손 너머에 담긴 어떤 마음을, 나는 오래 잊고 싶지 않다고 생각했다.

釜
山

부산 ——— 성남이로

부산 깡깡이마을 시스터즈

　외할머니는 부산 영도에 살았다. 언제나 뽀글뽀글한 파마머리였다. 허리는 굽었지만 걸음은 빨랐다. 사투리가 아주 심했고 욕도 잘했다. 대체로 나보다는 일곱 살 터울의 남동생을 더 좋아했다. 유년 시절 나는 할머니를 그리 좋아하진 않았다. 외할머니 집에 놀러 가면 데면데면한 얼굴로 할머니와 멀찍이 떨어져 앉아 말없이 텔레비전만 보곤 했다. 할머니의 텔레비전은 KBS1 채널을 벗어나는 일이 없었고, 나는 전국노래자랑을 건성으로 보며 집에 언제 갈 수 있을지를 셈하곤 했다. 지루한 기색이 역력한 내게 외할머니는 커다란 알사탕을 내밀거나 인스턴트 쑥차 같은 걸 끓여주곤 했다.

　"누구 딸 아니랄까 봐 성격 한번 얄궂네."

　그런 말을 하면서. 할머니는 보수적인 데다가 어딘가 무섭고, 눈에 띄게 여자애들보다는 남자애들을 좋아해서 자주 내 기분을 상하게 했다. 내향적인 데다가 말수도 없고 기분이 상하면 표정이 돌같이 굳는 나도 그리 귀여운 손녀는 아니었을 거다. 우리는 신기하게도 그리 친하지 않은 외할머니와 손녀 사이였다. 그래서였을까. 오랫동안 나는 할머니들을 보면 어떻게 대해야 할지 몰라 어색해하곤 했다.

'포비든 앨리'를 촬영하면서 지금껏 만난 할머니들보다 더 많은 수의 할머니를 만났다. 세상 모든 할머니는 모두 골목에 숨어 있는 게 아닐까 싶을 정도다. 할머니들은 대체로 같은 헤어스타일을 하고 있다. 외할머니처럼 야무지게 뽀글뽀글한 파마머리다. 눈가와 입가엔 귀여운 주름이 붙어 있다. 할머니들은 아주 오래된 이야기를 그저 며칠 전에 있었던 이야기인 것처럼 생생하게 말한다. 이야기를 나누다 보면, 그들과 나 사이에 놓인 세월이 무색하게 느껴질 때가 많았다. 그들 대부분이 생각보다 위트 있고, 걱정했던 것이 민망할 정도로 쿨하기 때문이다. 웬만해선 낯가림으로 질 사람이 없는 데다, 할머니 앞에서는 어찌할 바를 몰랐던 나마저도 어느새 할머니들과 익숙해져 있었다. 생전 처음 방문하는 골목이 꽤 편안해질 정도로 말이다. 그들에겐 신기한 재능이 있다. 어떤 이방인도 그들 앞에선 기묘한 안도감을 느끼며 편안해질 수 있다. 적어도 내가 만났던 할머니들은 모두 그랬다.

오래된 골목을 지키는 건 대체로 할머니들이다. 할아버지와 함께 사는 할머니는 소수다. 그들 대다수는 예전에 파트너를 먼저 떠나보냈고, 동네 할머니들과 교류하며 시간을 보낸다. 볕이 좋은 자리에 둘러앉아 농담을 나누고 함께 간식을 나누어 먹는다. 대체로 자식들은 멀리 떨어져 살지만, 그리움을 먼저 드러내는 일은 잘 없다. 하지만 굳이 물어볼 필요는 없다. 드러내지 않아도, 그들의 말 한마디 한마디엔 늘 그리움이 묻어난다. 조금만 이야기를 나누다 보면 그들은 자식과 손주에 대해 기

釜
山

특함과 뿌듯함, 애틋함을 숨기지 못하고 드러낸다. 그들은 항상 기다린다. 명절이 되면 쪼르르 달려와 품에 안기는 손주를, 멀리서 제 밥벌이를 기특하게 하고 있는 자식을 기다린다. 하지만 조금만 더 시간을 들여 대화를 나누다 보면 알게 된다. 그저 누군가의 어머니나 아내이기 전에 한 명의 오롯한 인간으로 그들이 얼마나 꿋꿋하고 강인하게 한 세월을 버텨 왔는지 말이다.

영도 깡깡이마을은 누구보다 강인했던 여성들을 많이 만날 수 있는 곳이다. '깡깡이'라는 마을 이름 자체가 수많은 여성 노동자가 만든 소리에서 따온 것이다. 깡깡이라는 이름은 배에 붙은 녹이나 오래된 페인트를 떨어뜨리는 망치 소리가 '깡깡' 들린다는 데서 출발했는데, 그 작업을 수행한 건 대체로 값싼 노임을 받았던 여성 노동자들이었다. 거친 먼지와 유해 물질을 얇은 마스크 한 장으로 가린 채, 여성 노동자들은 얇은 줄에 매달려 커다란 배를 수리했다. 다치는 건 예삿일인 데다 떨어지기라도 하면 목숨 줄이 끊어질 것이 분명한 두려움 속에서 여성들은 아이들을 먹여 살리기 위해 깡깡이질을 멈추지 않았다. 많은 여성 노동자가 영도를 떠나거나 세상을 떠났지만, 여전히 영도 깡깡이마을에는 그 시절을 추억하는 이들이 남아있다. 우리의 촬영에 기꺼이 응해준 네 명의 할머니가 그랬다. 마을 노인정 앞 골목에 앉아 햇볕을 받기 좋아하는 그들은 사실 우리 다큐멘터리에 등장하기 이전에도 많은 방송 경험이 있었다. 그중에도 최고의 화제작은 〈유 퀴즈 온 더 블럭〉이다. 그들은 무려 유느님과 어깨를 나란히 하고 토크를 나눈 경험이 있는 프로페셔널이었다.

우리 모두의 어머니

노인정 앞 골목에 둘러앉은 할머니들은 사진작가 아나스타샤를 '예쁜이'라고 불렀다.

"하이고 마, 러시아에서 온 아가씨가 참 예쁘다."

아나스타샤는 실력을 인정받는 프로 사진작가이자 두 명의 아이를 둔 엄마였지만, 할머니들 눈에는 꼭 아기처럼 보이는 것 같았다. 아나스타샤를 앞에 두고 할머니들은 마치 어제 일인 것처럼 깡깡이 일을 하던 시절을 이야기했다.

"그때 일당이 얼마였지? 한 350원 받았나?"

350원을 받기 위해 할머니들은 가느다란 줄에 매달려 하루 종일 망치로 거대한 배에 붙은 녹을 떼어냈다. '깡깡이질'을 천하다고 여기는 사람들의 시선을 견디며, 다치는 건 예삿일에 까딱하다간 목숨을 잃을 수도 있다는 두려움을 견디며, 가족들을 먹여 살리기 위해 매일매일 일했다. 네 명의 할머니 중에서도 가장 고참인 L 할머니는 이웃 주민이었던 작업 반장의 제안으로 깡깡이 일을 시작했다고 했다.

"나는 글을 몰라서 반장이 이름을 대신 써주면 일하러 나가곤 했지. 깡깡이만 40년을 했는데, 아마 다리를 안 다쳤으면 더 했을 거다."

귀여운 분홍 조끼에 빨간 땡땡이 스카프를 두른 L 할머니의 눈이 빛났다. 그 단단한 눈동자를 보며, 깡깡이 일은 분명 그녀에게 단순한 밥벌이 그 이상이었을 거란 생각을 했다.

깡깡이마을에 관한 사람들의 이야기에선 '희생'이란 단어가 자주 나왔다. 아이들을 위해, 가족을 먹여 살리기 위해 깡깡이질을 했던 어머니

釜
山

들의 희생을 기억해야 한다는 식이었다. 하지만 깡깡이 일에 관한 할머니들의 이야기를 들으며, 나는 그들을 희생하는 어머니 대신 주체적이고 강인한 여성들로 기억하고 싶어졌다. 일이 힘들 땐 어떤 생각을 하며 버텼는지, 함께한 여성 동료들은 어떤 사람들이었는지, 어떤 순간에 가장 큰 보람을 느꼈는지를 묻고 싶어졌다. 답을 들으면 수십 년의 세월을 넘어 서로 공감할 수 있는 것들을 많이 나눌 수 있을 것만 같았다. 하지만 굳이 묻지 않아도 자부심으로 빛나는 그들의 눈동자가 많은 답을 대신했다. 온몸으로 땀 흘려 일하며 꿋꿋하게 생을 일궈 온 강한 여성들의 눈이었다. 깡깡이 일로 인해 다친 발로 걷는 걸음은 느리고, 깡깡이 소리에 고막을 다친 귀는 많은 걸 듣지 못하지만, 그들은 분명 거친 한 세월을 온몸으로 버텨 승리한 강인한 여성들이었다. 그 여성들이 여전히 마을 한편에서 자신들의 서사를 생생하게 말하고 있다는 것이 참 좋았다.

유느님과 방송해 본 경험이 있는 프로페셔널 할머니들은 카메라가 있든 없든, 스태프가 있든 없든 호쾌하게 웃음을 터뜨리며 이야기를 나눴다. 아나스타샤는 나란히 앉은 할머니들의 웃음을 카메라에 몇 번이고 담았다. 골목을 채우는 할머니들의 웃음소리를 들으며, 나는 아주 작고 단단했던 내 외할머니의 뒷모습을 떠올렸다. 소주를 잘 마시고, 동네에서 화투로는 쉽게 지지 않았다던 그녀의 이야기가 궁금했다. 외할머니와 데면데면한 손녀였다는 것이 조금 아쉽기도 했다. 손끝이 야물었다는 내 외할머니는 어떤 일을 하며 그 긴 세월을 지나왔을까. 엄마의 어머니이자 내겐 조금 어색하고 무서웠던 외할머니에게는 어떤 서사가 있었

을까. 외할머니는 내가 고등학생일 때 돌아가셨고, 나는 아주 가끔 엄마와 이모의 입을 통해서 그녀가 지나온 세월의 조각을 들을 수 있을 뿐이다. 그녀가 지독한 가난과 불합리한 시대의 그림자 속에서 고통받았고, 성실함과 억척스러움을 무기로 홀로 네 아이를 키웠던 강한 여성이라는 걸 알지만, 사실 그건 그저 어설픈 내 추측일 뿐이다. 분명 그녀에겐 더욱더 생생하고 다채로운 이야기가 있었을 것이다. 그걸 영영 알 수 없게 되었다는 것이 조금 슬프다.

대신 나는 골목에서 외할머니와 같은 시대를 살았을 다른 할머니들을 만난다. 낡은 골목의 끝, 볕이 잘 내리쬐는 자리에 늘 그들이 있다. 호탕한 웃음을 터뜨리며, 따끈한 먹거리를 내어주며, 그들은 언제나 내게 그들이 품은 서사를 남김없이 들려준다. 내가 할 일은 그저 그들의 말에 귀를 기울이고 그들과 눈을 맞추는 것뿐이다. 그들의 단단하고 강한 눈을 마주하고 있자면, 영영 알 수 없을 내 외할머니의 이야기를 듣고 있는 것 같은 기분이 든다. 고되고 벅찬 세월을 온몸으로 통과하며 생을 일구어 온 어떤 강한 여성의 이야기를 말이다.

아름다운 사람 –
포토그래퍼 아나스타샤 한

생각보다 키가 그리 크지 않아 짐짓 놀랐다. 실제로 작아서라기보다는 러시아 여성들에 대한 선입견 때문이었는지도 모르겠다는 생각이 들었다. 검은 가죽 재킷에 샌들을 신고 있었던 것으로 기억한다. 프로그램을 설명하고, 우리가 호스트로서 기대하는 역할에 관해서도 얘기했다. 그녀는 자기 핸드폰에 저장한 사진들을 보여주었다. 인물에게 초점을 맞춘 사진이 대부분이었고, 사진 속 주인공들은 그 속에 오롯이 자리 잡고 있었으며, 정말 좋았다.

어릴 때부터 그녀는 사진에 관심이 많았다고 한다. 오래된 사진첩들의 사진들을 꺼내서 재구성해 보는 것이 일상적인 놀이였고, 학창 시절 언제나 손에는 작은 즉석 사진기가 들려있었다고 했다. 그러던 중 남편을 따라 20년 전에 한국에 오게 되었고, 첫아이를 임신한 상태에서 사진작가를 직업으로 선택할 결심을 하게 되었다고 했다.

"사진 속에서는 값으로 매길 수 없는 특별한 역사의 조각들을 발견할수 있어요."

釜
山

사진의 배경과 인물들의 옷과 소품을 통해서 인물들의 성격과 취미, 그리고 사진을 찍을 순간의 느낌까지 알 수 있다고 했다. 그녀는 러시아 블라디보스토크 근처의 작은 어촌마을인 달네고르스크Dalnegorsk에서 자랐는데, 오래전 해변을 끼고 있는 부산의 어느 포구와 비슷하지 않았을까 하는 생각이 들었다. 그녀는 부산이라는 도시를 무척 사랑하고 있었다.

'포비든 앨리' 작업을 통해 마천루와 고속화도로들이 즐비한 부산의 '진짜 모습'을 보고 싶다고 했다. 그래서 부산을 더 잘 이해하고 싶다고 했다. 사진작가로서 골목을 여행하는 것에 욕심을 내주었고, 촬영뿐만 아니라 사전 답사 때도 동행할 수 있고, 부산의 숨겨진 골목들을 찾아가는 여정에 동참하는 것에 무척 흥분된다고 했다. 그리고 그녀는 아직도 필름 카메라를 쓴다고 했다. 디지털카메라로 찍은 사진들은 너무 현실적이지만 밋밋하고 재미가 없다고 했다. 하지만 필름 카메라로 찍은 사진에는 불완전함 속에 완전함이 있고, 사진이 영혼을 가지고 숨 쉬는 것 같다고 했다. 그래도 21세기에 후 보정이 불가능한 필름 카메라 사진이라니…. 걱정 반, 기대 반으로 그녀의 아주 건강한 미소에 배팅해 보고 싶어졌다.

아뿔싸!

그녀의 미소가 사라졌다. 막상 본 촬영이 시작되자 그녀는 잘 웃지 않았다. 너무 긴장한 탓일까? 여러 번 재촬영하고 모니터링하면서 원인을 찾아보려고 했으나, 알 수가 없었다. 왜 굳은 모습으로 변하는지를…. 그

런데 촬영 중간중간 촬영 얘기를 나눌 때는 다시 전혀 다른 표정으로 돌아왔다. 촬영이 여러 날 진행이 된 뒤에야 촬영에 들어가면 그녀의 표정이 굳어지는 원인이 무엇인지 불현듯이 깨닫게 되었다. 바로 언어 문제였다. 러시아어의 언어적 특성이 그녀의 표정을 풍부하지 못하게 하고 있었다. 마치 시종일관 화난 것처럼 보이기까지 했다. 게다가 러시아어는 단어 하나에 뜻이 하나만 있는데, '거시기'처럼 애매하지만 모든 의미로 풀어낼 수 있는 단어는 러시아어에는 존재하지 않는다고 했다. 그래서 아주 적확한 단어를 찾아서 써야 문자의 의미가 달라지지 않는다고 했다. 그런 어려움이 그녀의 표정을 더 굳게 하고 있었다.

핀란드에 촬영 갔을 때도 같은 느낌을 받은 경험이 있었다. 정말 풍부한 표정의 출연자였지만 말만 시작하면 딱딱해졌는데, 그 원인이 언어라는 결론에 이르렀다. 핀란드 언어의 높낮이, 억양 등의 특성이 마치 말하는 사람이 화난 듯 느끼게 하였다. 핀란드는 오랜 기간 러시아의 지배를 받았고, 핀란드 말과 러시아 말도 서로 영향을 주고받았을 터였으니, 러시아 태생인 아나스타샤의 말이 딱딱하게 느껴지는 것은 너무나도 당연했다. 영어로 대화할 때 그녀의 풍부하고 다정한 표정을 볼 수 없다는 것이 너무 아쉬웠다. 그래도 어쩌겠나. 정해진 촬영은 진행해야 하는 걸…. 20년 넘게 부산에 거주했는데, 생각보다 우리말에 서툴렀다. 소위 듣는 귀는 이미 뚫린 지가 오래라 사투리임에도 불구하고 90% 정도의 말은 알아듣는 것 같았지만, 문제는 말하기였다. 영어를 아주 잘 구사하기 때문이기도 하고, 그녀의 사진 작업 대상들이 부산에 살거나 여행하러 온 외국인들이라 굳이 한국어를 유창하게 할 필요가 없었다고 했다.

그런데도 그녀는 만나는 사람들을 편안하게 하는 재주가 있었다. 코로나 팬데믹의 공포가 쌓아 올린 장벽을, 낯선 외국인이 그것도 사진기를 들고 있는 사람이 불쑥 다가온다는 건 반가울 수는 없을 노릇인데, 사람들은 그녀의 물음에 친절히 답했고, 기꺼이 그녀의 모델이 되어 주었다.

아나스타샤는 한국의 골목을 참 좋아했다. 고향인 러시아에는 부산의 골목같이 좁은 길이 없다고 한다. 골목의 모양새뿐만 아니라, 골목이 지닌 이야기에 매료되었고, 한국인들의 아픈 근현대사에 얽힌 골목 이야기들과 그 골목을 지금껏 지키고 있는 사람들이 호기심을 계속 자극하는 것 같다고도 했다. 자꾸 보고, 가까이 볼수록 예뻐 보인다고 했던가? 아나스타샤는 골목 할머니들의 이야기를 통해 그들의 고단함을 느꼈으며, 그들의 고단함을 말끔히 씻었을 가족에 대한 사랑과 기쁨을 보았다고 했다. 우리가 살고 있는 도시의 역사가 어디서 시작되었는지 알아야 하며, 남편을 따라와 20년을 살아온 도시 부산을 더 잘 이해할 수 있게 되어 이제야 부산 사람이 되어 가는 것 같다고 했다. 그리고 도시의 속살을 보고 싶다면 용기 있게 그 도시의 골목을 찾아 나서라고 말해 주고 싶다고 했다.

"사람들이 자신의 역사를 알고 싶어 했으면 좋겠어요. 우리 삶 속에 지닌 것의 가치를 인정하며 소중히 여기기 위해선 역사를 알아야 하고요. 역사를 알기 위해서 자신이 살고 있는 도시를 배워야 하죠. 골목길을 따라 걸어보고, 사람들에게 묻기도 하고요. 우리들은 꺼리지요. 우리는 다가가지 않고 분을 바닥에 떨군 채 그냥 지나치죠. 겁내지 말고 거리낌 없이 다가가서 묻고 이야기를 나눠야 해요. 사람들은 인정 많고 친절하며 기꺼이 자신의 이야기를 들려주거든요."

억척 할매들의 삶이 고스란히 스민 곳-
부산 아미동 '비석마을'

'이미 다 알고 있는 곳 아닌가?'

내겐 익숙한 곳이다. 그 지역 고등학교에 다녔고, 친구들이 제법 살고 있고, 부산에서 방송쟁이로 25년을 보냈으니 말이다. 너무 케케묵은 이야깃거리처럼 느껴졌다. 그럴 때 쓰는 방법은 사람들에게 물어보는 것이다. 그런데 예상과는 전혀 다르게 사람들이 '비석마을'을 잘 모르고 있었다. 그리고 부산에 산다고 해도 젊은 세대는 처음 듣는 이야기일 수도 있을 것 같았다. 그렇다면 이방인들에게는 아주 낯설고 꼭꼭 숨겨진 '포비든 앨리'가 될 수 있을 것이라는 확신이 들었다. 비석마을에 관한 자료를 꼼꼼히 찾아보았다. 이젠 비석마을도 제법 변해 있었고, 주민들도 재개발을 기대하고 있었다. 곧 사라질지 모르는 다른 골목들과 비슷한 상황이었다. 낯선 외국인 사진작가의 눈에 비친 아미동 '비석마을' 골목을 하나하나 기록하는 것으로도 충분히 가치가 있을 것이고, 시기는 지금이어야 한다는 생각이 들었다.

사전 답사를 하러 간 날, 비가 제법 왔다. 그날도 부산 편을 같이 하게 된 정 작가는 새로 산 우비를 꺼냈다. 포비든 앨리를 제작하면서 마련했다고 한다. 그날도 좁디좁은 골목을 다니는데, 노란 우비를 입고 앞서가는 포비든 앨리의 막내 피디와 작가의 모습이 옛날 개그 프로그램에 나왔던 '우비 소녀'들 같았다. 그들의 모습이 좀 우스꽝스럽긴 했으나, 우산을 든 나는 거의 젖은 상태로 다닌 걸 생각하면 우비는 비를 피하기에 충분히 위력적이었다. '비석마을'의 골목은 유난히 더 좁다. 우산을 제대로 펴고 지나다니지 못할 정도이다. 마을이 형성될 때 사람들은 한 집이라도 더 지어야 했고, 하루 자고 나면 없던 집이 우후죽순처럼 생겨났다. 나무로 대충 기둥과 지붕을 잇고, 넝마나 종이 박스로 덮으면 집이 되었다고 한다. 그렇게 집들이 다닥다닥 붙어서 이어졌고, 사람 한 명 겨우 지나다닐 정도의 길만 남겨졌다. 지금은 옛 흔적을 찾을 수 없을 만큼 집들이 많이 변했지만, 골목은 여전히 좁다.

비석마을은 부산시 서구 아미동 산19번지 일대를 말한다. 조선시대 말기부터 일본인들이 본격적으로 조선에 들어오면서, 당시 빈민촌이었던 이곳에 일본인들의 화장장과 공동묘지가 들어서기 시작했고, 일제강점기에는 본격적으로 일본인 공동묘지가 조성됐다. 갑자기 일본 제국주의가 패망하면서 일본인들은 무덤을 옮길 겨를도 없이 본국으로 돌아갔고, 이곳은 해방 이후 거의 방치된 상태였다. 한국전쟁을 겪으면서 부산에는 피란촌이 형성되었고, 부산역과 가까운 아미동 일대도 피란민들이 집터를 찾아 모여들었다. 난리 통에 제대로 된 건축 자재 하나 구할 수 없었던 사람들은 공동묘지 위에 그대로 집을 지었고, 무덤에 쓰였던 비석이나 상석 같은 것들을 집 짓는 자재로 이용했다고 한다. 그야말로 무덤을 깔고 집을 올린 꼴이었다. 지금 같으면 상상할 수도 없는 일이겠지만, 당장 굶어 죽을 지경이었기 때문에 누울 자리 정도는 가릴 처지가 아니었을 것이다. 그야말로 죽은 자와 산 자의 기막힌 동거가 시작된 것이다. 지금도 마을 골목 곳곳에 드러나 있는 무덤의 흔적들을 볼 수 있어 '이렇게나 많이 남아 있구나.'라는 생각을 하지 않을 수 없게 될 정도다.

일주일쯤 후에 본 촬영을 위해 다시 비석마을을 찾았다. 골목 입구의 한 집 앞에서 화분에 물을 주는 할머니를 만났다. 그녀는 50년이 넘게 이곳에서 살고 있었고, 자식들은 부산의 다른 지역과 경상도에 흩어져 있다고 했다. 언제부터 사셨는가를 물었을 뿐인데, 이내 옛날이야기가 막힘없이 그야말로 '터져 나왔다'. 지금은 마을버스가 마을 입구까지 지나다니지만, 할머니가 시집와서 살 당시에는 큰길까지 30분 이상을 걸어다녔다고 했다. 집집이 수도가 없어서 식수를 가져다주는 차가 도착하면 큰길까지 물동이를 이고 오르락내리락하기를 수없이 반복했다고 했다. 하수도 시설이 제대로 되어 있지 않아 겨울이 되면 골목이 늘 빙판이었고, 연탄재가 깔린 그 길을 어린 자식들을 업고 손으로 이끌면서 다녀야 했다. 자식들을 먹이고, 입히고, 학교를 보내야 한다는 그들의 의지가 더없이 열악한 환경을 견디게 했던 것일까? 그러니 무덤을 깔고 비석을 곁에 두고 사는 것 따위가 뭐 그리 대수였겠는가!

부산 ——— 아미로

釜
山

마을의 사랑방 역할을 하는 볕이 잘 드는 곳에는 어김없이 그날도 할머니들이 옹기종기 모여 있었다. 촬영하면서 발견한 마을에서 가장 넓은 공터였지만, 대여섯 명 정도 둘러앉으면 꽉 차는 정도였다. 그 할머니들에게도 그들의 젊은 날을 물었다. 앞다퉈 이야기가 쏟아져 나왔는데, 단연 우리의 관심을 끈 건 '파란 불꽃' 모양의 귀신 이야기였다. 일본인들은 예전부터 사람이 죽으면 화장했기 때문에 유골함이 무덤 안에 보관되어 있었다고 한다. 집을 보수하기 위해서 집터를 파다 보면 흔히 발견되는 것이 유골함이었는데, 어떤 사람들은 그걸 그냥 버리기도 하고, 또 어떤 사람들은 비워버리고 항아리로도 쓰기도 했다. 어느 집에서는 보수하다가 나온 유골함을 어찌할지 몰라 예를 갖춘 후 집안에 잠깐 두었는데, 그날 밤 유골함에서 파란 불꽃이 나왔고, 마을 뒤쪽 산으로 움직이기 시작했다. 집주인은 그 파란 불꽃을 따라가기 시작했는데, 뒷산에 이르자 여러 개의 파란 불꽃이 모여서 춤을 추고 있었다고 했다. 옆에서 이야기를 듣고 있던 할머니들이 서로 어릴 때 그런 광경을 보았다고 입을 모았다. 한낮에 들었지만, 등골이 오싹하지 않을 수 없는 '납량 특집'이었다. 서로 웃으며 그런 얘기들을 주고받는 할머니들에게 그런 이야기는 마치 어릴 적 추억 같았다.

비석마을 사람들은 죽은 사람 위에 산 사람이 살아갈 수 있게 터를 내준 고마움과 미안한 마음을 담아 매년 음력 7월 15일에 인근 절에서 일본인 위령제를 지낸다. 이런 마을을 이루고 지금껏 지키며 골목에 숨겨진 수많은 이야기를 간직하고 있는 사람들이 억척스러운 '경상도 할매'들이다.

할매들의 발랄한 웃음소리가 여전히 귓가에 맴돈다.

釜
山

釜
山

아직도 골목에는 제비 가족이 산다-
부산 우암동 '소막마을'

"앗, 제비다!"

분명히 제비였다. 다시 눈을 크게 뜨고 내 옆을 스치는 걸 응시했다. 분명 제비였다.

"부산에서 제비를 보다니…."

부산 도심에서 제비를 본 게 언제가 마지막이었는지 기억이 나지 않았다. 어릴 적, 제비들은 주로 여름날 비가 오기 직전에 동네를 낮게 날곤 했다. 좁은 골목이나 넓은 길 가릴 거 없이 흔하게 제비가 나는 걸 볼 수 있었다. 그리고 동네 골목 양쪽으로 즐비하게 늘어선 집들의 처마 밑이나 대문 지붕 아래에 제비집들이 있었다. 어미를 기다리는 새끼들의 머리만 살짝 보이는 제비집들이 참 흔했다. 어미가 먹이를 물어올 참이면 동네가 시끄러울 정도로 울어대던 새끼들의 합창 소리도 귓가에 아직 생생하게 맴돈다. 여러 해 동안 우리 집 처마에도 제비가 집을 지었다. 봄이면 어찌 알고 찾아와 집을 짓는 제비가 기특했고, 어린 마음에 제비가 박씨를 물어올 거라 은근 기대도 했다. 그래서였을까? 동네 사람들은 제비집 밑에 떨어진 제비의 배설물조차 지저분하다고 여기지 않았다.

그렇게 흔했던 제비들이 사람들의 시야에서 사라졌다. 사라지는 줄도 모르게 어느 날부터는 보이지도 않았다. 살아가는 일에 바쁘다고 관심을 두지 않아서였을까? 다니면서 제비를 본 기억이 어느 순간 사라졌다는 걸 새삼 깨달았다.

촬영 스태프는 두고, 제비들의 움직임을 쫓아갔다. 어딘가 분명히 제비집이 있을 것이고, 아마 새끼들도 있으리라. 이건 분명히 골목과 너무 잘 어울리는 아이템이었다. 제비를 따라 소막마을 골목 여기저기를 혼자 헤매고 있었다.

소막마을은 부두 가까이에 자리하고 있다. 일제강점기에 일본으로 소를 반출하기 위해 검역소 역할을 했던 이곳은 해방 이후 마을로 변했다. 일본인들은 1907년 10월, 작은 어촌 마을이었던 우암동에 검역소와 소막을 설치했다. 병에 걸린 소가 일본으로 건너가 전염병이 발병하는 것을 방지하는 한편, 전쟁에 필요한 고기를 확보하기 위해서였다. 검역소와 소막의 전체 부지 면적은 2만 3725평(78,430㎡)에 달했고, 한 건물에 소막이 두 개 혹은 세 개가 있었는데, 소막 하나의 폭이 9미터, 길이가 27미터에 달할 만큼 큰 규모였다. 기록에 따르면, 1926년에 소막이 총 19동까지 있었고, 소막 한 동에는 소가 60마리까지 있었다고 한다. 일본으로 보낸 소의 70퍼센트, 한 해 3만 마리 이상의 소들이 이곳을 거쳐 갔다. 일본에서는 1872년, 메이지유신*을 거치면서 소고기를 먹을 수 있게 되었고, 이른바 '탈아입구론脫亞入歐論*'에 힘입어 자신들의 왜소한 몸을 백인들처럼 만들

려면 고기를 먹어야 한다는 풍조가 있었다고 한다. 이런 세태가 조선의 소를 수탈하는 데도 영향을 미쳤다고 한다. 그렇게 조선인들의 재산이자 농사의 중요한 일꾼이었던 가축은 수탈의 대상이 되었다.

해방 이후 소막은 일본과 중국에서 돌아온 동포들의 차지가 되었다. 그리고 한국전쟁을 거치면서 피란민들의 수용소로도 쓰였는데, 소막 하나가 20여 가구가 살 수 있는 곳으로 쪼개졌다. 사람들은 그 좁은 곳에 지붕을 뜯고 다락을 얹어 자식들의 방으로 고쳐 썼고, 한 집에 예닐곱 이상의 식구들이 사는 집이 되었다. 이후 우암동 인근에 공장들이 들어서면서 다른 지역에서 몰려온 노동자들이 많이 모여 살기도 했다. 그렇게 소막은 사람들의 터전으로 자리 잡았다. 하지만 1980년대에 들어서면서 많은 공장이 문을 닫으면서 이 지역이 쇠퇴하기 시작했다.

그런데 사람들이 점점 떠나고 있는 부산의 오래된 '소막마을' 골목에 제비들이 아직 살아가고 있었다. 작은 골목 어귀의 이층집 아래 처마에 있는 제비집을 발견했다. 새끼 제비 세 마리가 어미를 목 빠지게 기다리고 있었다. 귀여웠다. 귀엽다못해 신기하기까지 했다. 이내 엄마와 아빠가 나타나 주위를 맴돌았다. 쉽게 둥지로 내려앉지 않고 주변을 계속 선회했다. 반가워서 지저귀는 새끼들의 소리를 덮을 만큼 큰 소리로 자신들의 영역을 침범한 인간들을 경계했다. 한참을 기다렸다. 인간의 영역

메이지유신明治維新은 19세기 후반 일본의 메이지 천황 때 에도[江戸] 막부幕府를 무너뜨리고 중앙 집권 통일 국가를 이루어 일본 자본주의 형성의 기점이 된 변혁의 과정.
탈아입구脫亞入歐, だつあにゅうおう는 '아시아를 벗어나 유럽으로 들어간다'는 뜻으로, 일본 개화기[메이지 시대]의 사상가 후쿠자와 유키치福沢諭吉가 일본의 나아갈 길을 제시한 이론이다.

에서 더불어 사는 것이 익숙했던지 얼마지 않아서 엄마와 아빠 제비는 둥지로 날아들었다. 물어 온 먹이를 일일이 새끼들의 입에 넣어주느라 바쁘게 몸을 놀렸다.

아나스타샤도 덩달아 바빠졌다. 부산에서 살아온 지 20년이 된 그녀도 제비 둥지를 보는 것은 처음이라고 했다. 연신 누르는 셔터 소리가 리듬을 탈 정도였다. 사진작가에게도 재밌는 피사체였다. 어미가 물어오는 먹이를 향해 일제히 입을 벌리는 순간을 포착하려는 작가적 근성이 유감없이 발휘되고 있었다. 엄마 아빠 제비들도 익숙해졌는지 둥지 아래 있는 그녀를 크게 신경 쓰지 않고 둥지를 들락거리기 시작했다. 아나스타샤는 활짝 웃고 있었다. 골목과 사진작가와 제비 가족이 한 그림에 담긴 장면이 참 정다웠다. 나의 어릴 적 추억이 투영되면서 보게 된 제비 식구들의 모습은 무척이나 행복하고 평화스러워 보였다.

골목은 그렇게 인간과 자연이 공존하는 공간이도 했다. 생각해보면 제비들이 보이지 않게 된 시점이 높은 아파트들이 골목을 대신하기 시작한 시기와 맞물리지 않나 싶어 자료를 찾아보니 실제 그랬다. 산업화로 인한 공해와 제비가 집을 지을 만한 공간이 없는 아파트는 제비를 인간의 영역에서 쫓아내고 있었다. 인간이 보기에 멋져 보이고 부의 상징이기도 한 '말뚝 아파트' 그 어느 곳에도 제비들의 공간은 없었다. 하지만 그 아파트 그늘에 가려지고, 개발에서 뒤처진 좁은 골목은 돌아오지 않을 것이라고 생각되던 강남 갔던 제비를 여태껏 불러 모으고 있었다.

소막마을 좁은 골목, 그 제비들의 시끄러운 지저귐을 내년에도 들을 수 있을까?

釜
山

부산 ——— 우암번영로

오롯이 남아서 더 슬픈 역사,
초량 적산가옥 '수정'

부산에서 오래된 목욕탕 굴뚝을 가장 많이 볼 수 있는 동네는 아마 동구 수정동일 것이다. 동네 대부분이 산이기 때문에 예전부터 '달동네'로 유명한 곳이다. 한국전쟁 이후 피란민들이 거처할 곳을 찾아 수정동에 모여들었다. 몇 사람이 누울 만한 작은 집들이 다닥다닥 생겼고, 그 집들 사이를 오가는 길이 생겼다. 그 길은 좁고 고불고불한 골목이 되어 지금도 남아 있다. 그러니 그런 집에 욕실이 있을 리가 만무하다. 자연스레 공중목욕탕이 많이 생겨났고, 주택 개량이 이루어진 지금도 수정동에 들어서면 한눈에 다섯 군데 정도의 굴뚝을 쉽게 발견할 수 있다. 그리고 사람들은 수정동이라고 하면 산복도로를 가장 먼저 떠올린다. 산복도로는 경상도 방언으로 '까꼬막'이라 부르기도 하는데, 가파른 산비탈 길을 뜻하는 말이다. 까꼬막이란 단어가 가장 잘 어울리는 지역이 바로 수정동이다. 세월이 흐르면서 가파른 골목을 직선으로 오를 수 없는 차들이 다닐 길들이 필요했고, 굽이굽이 돌아서 지역 곳곳을 누비는 산복도로들이 생겨났다. 지금은 차량을 이용한 '산복도로 투어' 프로그램이 있을 만

64

釜
山

큼 부산의 명물이 되었다. 산복도로를 다니다 보면, 주택 옥상을 주차장으로 활용하는 집들을 볼 수 있다. 처음 보는 외지인들도 신기해하는 수정동만의 풍경 중 하나인데, 건물 옥상과 도로의 고도가 크게 차이가 없는 지역적 특성이 만들어낸 진풍경이다.

이런 수정동 골목을 누비다 보면 깜짝 놀라게 되는 건물을 만날 수 있다. 그곳에 오랫동안 살았던 사람들도 잘 알지 못하는 건물이기도 하다. 오히려 외지인들이 SNS를 통해 입소문으로 더 잘 알고 있는 곳으로, 가수 아이유의 〈밤 편지〉 뮤직비디오를 찍었던 곳으로 유명해지기도 했다. 그곳은 일제의 잔재인 적산*가옥 '수정水晶'이다. 전국적으로도 원형에 가장 가깝게 남아있는 일본식 가옥일 것이다. 1943년 건립된 것으로, 정식 명칭은 '부산 수정동 일본식 가옥'이다. 2007년 7월 3일 국가등록문화재로 지정되어 문화유산국민신탁*이 관리하고 있다. 일본식 2층 목조 건물로, 한눈에도 고급스러워 보인다. 마치 교토 어느 골목의 한 주택에 들어와 있는 느낌이 들 정도다. 수정은 일본 중세 시대 무사 계급의 전형적인 주거 양식인 '쇼인즈쿠리書院造'라는 건축 양식을 잘 보여주는 건물이라고 한다. 쇼인즈쿠리는 13세기 중반 가마쿠라鎌倉 막부 시대에 손님의 방문이 많았던 무가에서 접객을 위해 지은 건물에서 유래하였다고 한다. 이곳에는 액자를 걸거나 도자기를 진열하기 위해 만든 2층의 토코

적산敵産은 '적의 재산'이라는 의미로, 적산가옥은 패망한 일본인 소유의 재산 중 주택을 가리킨다.
문화유산국민신탁은 보전 가치가 높은 문화유산과 자연환경 자산을 민간 차원에서 보전·관리하기 위해 2007년 4월에 출범한 특수법인(국민신탁법인).

노마床の間를 비롯한 내부 공간, 목조 가구, 정원 등이 잘 보존되어 있다. 꽃 장식의 일본식 석등, 건물 모서리의 화려한 장식 등이 일제강점기 부산 지역 고급 주택의 단면을 보여준다. 건물을 둘러싼 긴 석축은 돌 가장자리를 따라 한 번 더 다듬은 뒤 고급스러운 모접기* 방식으로 쌓아 올렸다고 하는데, 높이가 2미터에 이른다. 그래서 인근에 사는 사람들도 스치고 지났을 수 있을 법하다.

이곳에 들러 볼 사람이라면 어떻게 일본식 가옥이 거의 원형 그대로 지금까지 남아 있을 수 있을까 하는 의문이 생길 수밖에 없을 것이다. 아무리 이곳이 '고관' 즉 옛 왜관이라고 불리는 곳이라고 해도 잘 이해되지 않는 지점이 생긴다. 1607년, 선조는 지금의 수정동에 왜관을 설치했다. 1678년 초량으로 왜관이 이전되면서 수정동을 '구관' 또는 '고관'이라 부르게 되었다. 지금도 부산 토박이들은 이곳을 '고관' 혹은 '고관 입구'라고 부르는 것에 익숙하다. 하지만 조선시대도 아니고, 일제강점기도 아닌 21세기에 다시 17세기를 옮겨다 놓은 것 같은 느낌을 주는 '수정'의 존재는 그야말로 궁금증을 자아내기에 충분하다.

이국적이고, 아름답게만 보이는 '수정'이 지금까지 온전히 남아 있을 수 있는 데는 역설적이게도 한국의 아픈 근현대사의 파편들이 고스란히 새겨져 있다. 수정은 1943년 섬유공업 및 무역 회사의 중역을 지낸 타마다미노루玉田穣, たまだみのる가 세웠다고 한다. 일제강점기에는 부산에 거

모접기는 석재나 목재 따위의 날카로운 모서리를 깎아서 좁은 면을 내는 일을 말한다.

釜
山

주했던 일본인 철도청장의 관사로 활용되었고, 해방 이후 미군정 당시에는 장교들의 숙소로 활용했다고 전한다. 한국전쟁 이후에는 한국인이 인수하여 오랫동안 일본인을 대상으로 한 '정란각貞蘭閣'이라는 이름의 고급 요정으로 쓰였다. 말이 고급 요정이지 일본인들의 '기생관광'을 위한 곳이었다. 기생의 숫자가 많을 때는 몇백 명이 넘었다고도 한다. 일제강점기에는 조선 반도 수탈과 미군의 주둔 기지로 쓰였던 곳⋯ 기생관광을 왔었던 일본인들은 한국 여성들을 사면서 일제강점기 일본이 조선을 지배했던 시절의 향수를 안줏거리 삼았을까? 그렇게 오랫동안 일반인들과 격리된 은밀한 곳으로 남았기에 '수정'은 한국 현대사를 관통하는 동안 원형을 보전한 채 지금까지 유지될 수 있었다. 촬영하는 내내 치솟은 처마 끝에 걸린 파란 하늘 속 흰 구름을 보면서 복잡한 생각이 머릿속을 어지럽히고 있었다.

　이런 곳을 '네거티브 헤리티지'라고 한다. 아프지만 기억해야 할 역사가 담긴 유적이다. 이곳을 찾는 대다수 사람들은 그저 이국적인 아름다움을 사진으로 담기 바쁘고, 혹은 한 잔의 차를 마시며 오래 기억될 만한 추억을 쌓는 카페로만 여길 수도 있다. 그래서 혹자는 '네거티브 헤리티지'는 없애야 한다고 주장하기도 한다. 하지만 아픔의 역사라도 기록하고 기억하는 작업이 충실하다면 되풀이하지 말아야 할 교훈을 후손에게도 물려줄 수 있는 건 아닐까?

　다큐멘터리는 기록이다. 우리가 골목을 누비며, 사람들을 만나고 그들의 이야기를 담아 두는 것에 소홀할 수 없는 이유가 여기에 있다.

나고 자란 마을을 지키고 가꾸는 호천마을
강재성 씨

"어, 젊은 사람이네."

골목을 촬영하면서 마을을 대표하는 사람 중에 처음으로 만난 젊은이였다. 시골 마을들이 그렇듯 도시라 하더라도 낙후된 구시가지들은 인구 유출로 공동화 현상에 시달리고 있다. 하나 건너 빈집들이 늘어 가고, 마을에서는 아이들의 웃음소리가 들리지 않는다. 골목을 촬영하면서 지역 소멸의 위기가 제2의 도시라 불리는 부산도 예외가 아님을 현실로 볼 수 있었다. 그런데 부산의 산복도로 마을 중 하나인 부산진구 호천마을은 왠지 공기가 달랐다. 마을 어귀에 자그마한 의자를 놓고 앉은 노인들의 표정부터 조금은 다른 느낌이었다. 촬영을 위해 압축적으로 골목을 찾아다니고 있었으니, 마을마다 공기가 다르다는 것이 무엇인지 금방 느낄 수 있었다. 게다가 주민협의회장이 40대 청년이라니…. 강재성 씨는 마을 구석구석을 제집처럼 꿰고 있는 데다가 마을 어르신들에게는 아들처럼 지낸다기에 사전 답사 때부터 본 촬영까지 정말 큰 도움을 받을 수 있었다. 특히, 집 안의 전혀 예상할 수 없는 곳에 아직도 메우지 않은 우물이 남아 있는 가정을 직접 섭외까지 해준 덕분에 신기한 광경을

촬영도 하고, 그 우물이 있는 집주인 할머니와 딸의 추억도 고스란히 인터뷰할 수 있게 도와주었다. 젊은 나이에 그는 어떻게 마을 지킴이가 되었는지 궁금해졌다. 마을 이곳저곳을 다니면서 골목과는 상관없는 그의 인생에 관한 질문이 이어졌다.

　강재성 씨는 호천마을에서 나고 자라고, 대학까지 다녔다. 그리고 13년간 고향을 떠나 직업군인으로 대한민국 전역을 돌며 생활했다. 그러던 중 2013년에 고향으로 다시 돌아오게 되었고, 본인이 소유하고 있는 집을 활용해 그 당시 유행이었던 게스트하우스나 카페를 열고 싶었다고 했다. 그러기 위해서 주민들과 친해지기도 하고, 정보도 얻을 겸 주민협의회에 가입했다. 이것이 그의 인생을 바꿔놓을 줄은 몰랐겠지만…, 마침 부산시가 마을과 함께 '산복도로 르네상스 사업'이라는 마을 살리기 사업을 진행하고 있었는데, 그도 참여하게 되었다. 그런데 2014년에 그 사업이 끝나면서 고용된 활동가들도 마을을 떠나고, 반짝했던 마을의 활기도 사라졌다. 구심점이 사라진 마을은 다시 무기력함과 무관심에 빠져들었다. 사실 아무리 고향이라도 호천마을은 부산에서 쇠퇴의 길을 걷고 있는 구도심, 산복도로 마을의 하나일 뿐이었다.

　호천마을이 있는 부산시 동구 범일동을 따라 흐르는 계곡은 옛날부터 사람이 들어가기 힘들 정도로 울창한 숲을 이루고 있었다. 호천마을도 범일동의 일부로, 그 냇가에 믿거나 말거나 호랑이가 자주 나타나 '호천마을'이라고 불리게 되었다고 전해진다. 그리고 계곡을 따라 흐르는 시

71

내를 '범내'라 불렀다. 범내는 동구 수정산에서 시작해서 북서쪽으로 흐르고, 부산 동천으로 유입되는 작은 하천이다. 범내 하류에 마을이 생기자 이름 그대로 범내골이라 불렀다. 지금은 범내를 호계천이라 부르는데, 아직도 호천마을 중간에 내천이 흐른다. 그런데 그 계곡이 매우 급경사를 이루고 있어서 호천마을은 온통 가파른 계단 투성이다. 계곡 아래에서 마을을 타고 올라가는 가파르고, 까마득한 계단이 군데군데 있고, 그 계단 주변으로 집들이 형성돼 있다. 그리고 그런 집들을 수평으로 연결하는 골목들이 얼기설기 마을을 엮고 있는 모양새다. 호천마을은 1917년 11월 조선방직朝鮮紡織이 근처에 들어서면서 도심의 배후 주거지로 형성되었고, 1930년대 부산진구 일대가 공업 중심지가 되면서 인구가 증가하늘기 시작했다. 그리고 1950년대 한국전쟁을 거치면서 피란민이 모여들었고 산복도로까지 거주지가 확산되었다. 1980년대까지 산업화를 거치며 신발 산업 중흥기로 공장 노동자들 덕분에 마을이 북적거렸지만, 1990년대 이후 도심의 제조업들이 외곽이나 다른 지역으로 빠져나가면서 급격히 쇠퇴하기 시작했다. 그리고 지금은 노인들의 마을로 겨우 명맥만 유지하고 있는 셈이다.

친구들도 다 떠난 고향 마을에 그는 돌아왔고, 마을 주민협의체의 대표가 되었다. 그 이후로 마을협동조합을 구성하고, 각종 마을 살리기 공모 사업에 응모하기 시작했다. 그렇게 수행한 사업이 '행복마을 만들기', '옥상을 이용한 태양광 사업' 등이었고, 전국적으로 무섭게 입소문을 타게 된 '달빛극장'도 그 시기에 열게 되었다. 여름부터 11월까지 열리는

釜
山

달빛 아래 멋진 무료 야외 상영관이라니… 무료한 마을 노인들에게는 소소한 즐거움이 되었고, 여행객들에게는 뜻밖의 선물이 되었다. 부산 최고의 야경 파노라마가 극장의 덤이라니, 더 말해 뭣 하겠나! 드라마 촬영지가 되기도 했고, 지금은 전국적인 명성을 얻어 젊은이들이 일부러 찾아오는 부산의 유명한 골목 중 한 곳이 되었다.

책의 원고 집필을 이유로 촬영 전에 준비했던 자료와 영상들을 다시 훑었을 때, 강재성 씨는 호천마을의 따뜻한 느낌과 함께 아주 자연스럽게 떠올랐다. 그리고 다시 통화를 통해 정작 그에게 묻지 않았던 질문을 던졌다.

"당신에게 골목은 어떤 의미인가요?"

그는 '아픈 손가락'이라고 했다. 좁아터진 골목은 사는 데 너무도 불편하지만, 막상 없앤다고 하면 너무 아쉬울 것 같다는 의미라고 했다. 그리고 마을과 골목이 이제는 전국적으로 유명해졌지만, 대부분 주민은 마을과 관련된 여러 가지 일에 여전히 무관심하다. 마을의 터 자체가 대규모 재개발이 힘든 지역이라, 마을을 가꾸는 일이 실질적으로 재산으로서의 집의 가치를 높이지 못하고 있기 때문이라고 해석했다. 그런데도 그는 마을의 또 다른 변신을 꿈꾼다고 했다. 빈집들을 사들여서 일부는 작은 공원으로 조성하여 골목과 연결하고, 또 다른 일부는 어르신들이 생활하기 편리한 공동 주거지로 만드는 사업을 구상 중이다. 벽에 알록달록한 색을 칠하고, 관광객들을 불러 모으는 형태의 변화가 아닌, 실제 마을의 주인이 주민들의 삶을 개선하면서 골목과 어우러지는 마을로 탈

바꿈시키는 것이다. 참으로 멋진 생각 아닌가?

그의 꿈을 응원한다.

서울 ————————

徐

菀

서울, 종묘 순라길

서울 편 헌팅 장소를 물색하기 위해 지도 앱을 켰다. 언젠가 가겠다고 저장해 놓은 즐겨찾기들이 지도 위에 한가득했다. 플랫화이트가 기가 막히게 맛있다는 망원동 카페, 그 어떤 사랑니도 5분 안에 뽑아준다는 신촌의 치과, 적당히 취하면 타로점을 봐주는 친구의 친구가 있는 봉천동 와인 바. 별별 이유로 즐겨찾기 된 장소들이 색색의 별을 달고 지도 위에서 빛나고 있었지만, 별 도움은 되지 않았다. 웬만해선 살고 있는 동네에서 좀처럼 벗어나지 않는 내게 기가 막히게 새로운 서울의 골목 풍경이 있을 리도 만무했다. 기껏해야 이과두주가 싼 중국집에서 친구들과 기어 나와 첫차를 타기 위해 향하던 새벽녘 왕십리 골목 풍경 같은 게 다였으니까.

이럴 땐 친구 찬스다. 친구 중에 서울 곳곳을 돌아다니길 가장 좋아하는 C에게 도움을 요청했다.

"서울에서 외국인 사진작가와 함께 숨은 골목을 여행하는 다큐를 찍을 건데, 어딜 가면 좋을까?"

"음… 순라길?"

난생처음 들어보는 골목 이름이었다.

"거기 되게 운치 있던데. 아, 맞다. 그리고 거기 테라스가 있는 한옥 맥줏집이 있는데, 수제 맥주 맛이 짱임."

덧붙인 말에 솔깃한 건 아니고, 정말로 처음 듣는 이름이라 검색해 보았다. 순라길… 종묘를 오른편에 끼고 있는 골목이란다. 작은 레스토랑이며 와인 바가 생겨 알음알음 알고 찾는 곳이다.

서울에 살면서 종묘에 가 본 적이 있는 사람이 몇이나 될까. 일단 나는 아니었다. 고궁을 좋아해 아주 가끔 마음이 복잡할 때 여행하는 마음으로 경복궁이나 창덕궁에 가 본 적은 있지만, 한 번도 종묘에 가 봐야겠다고 생각한 적은 없다. 물론 여행하는 마음으로 종묘에 간다는 발상도 왠지 좀 이상하긴 하다. 경복궁이나 창덕궁이 집이었던 누군가가 지금은 종묘에 머무르는 셈이니 또 이상할 건 없지 않나 싶기도 하지만 말이다. 어쨌든 스무 살에 서울 땅을 밟은 이후로 처음으로 종묘에 가게 되었다. 그것도 부산 방송국에 취직해 참여하는 첫 다큐멘터리 촬영 헌팅차 말이다. 사실 따지자면 종묘가 아니라 종묘 옆 순라길에 간 거지만….

순라길은 조선시대 순라군*들이 야간 순찰을 돌던 길이다. 왕들이 잠든 사당을 끼고 캄캄한 조선의 밤을 걷던 군인들이 있던 길이다. 길 오른

순라군巡邏軍은 조선시대에, 도둑 · 화재 따위를 경계하기 위하여 밤에 궁중과 장안 안팎을 순찰하던 군졸을 말한다.

徐
菀

편에는 종묘가, 왼편에는 오래된 가게와 새 가게들이 뒤섞여 나란히 줄서 있다. 그 사이로 난 골목으로 들어가면 아주 조용한 주거지가 나온다. 볕이 잘 드는 골목이다. 우리가 헌팅하러 갔던 8월 초에는 서울에 비가 많이 내렸는데, 비가 내리는데도 양지바른 느낌이 절로 드는 곳이었다. 골목엔 한옥이 많았다. 부산의 골목에선 만날 수 없는 한옥 지붕들이다. 선배는 지어진 당시의 원형을 갖춘 집들을 찾아보자고 했다. 골목의 역사를 고스란히 품고 있을 것 같은 집을 찾아 헤맨 끝에 찾은 곳이 L 할머니의 집이었다. 벽을 타고 있는 담쟁이넝쿨과 오랜 역사를 품은 나무 문이 그린 듯이 딸린 한옥이었다.

웃는 얼굴이 고운 L 할머니는 고향이 부산이라고 했다. 남편을 따라 서울에 와서 지금껏 살고 있다고 하신다. 부산 말씨가 섞인 서울말을 쓰는 할머니는 배구로 유명한 모 여고에 다녔었다며 우리를 반가워하셨다.

"여기에서 궁녀들이 살고 그랬었다대."

할머니는 이 집을 처음 살 때 그런 이야기를 들었다고 했다. 궁녀들이 살기도 했다던 터에 지어진 작은 한옥에서 아이들을 낳고 길러, 그 아이들이 다시 아이를 낳고 기를 때까지 살고 있는 할머니… 함께했던 할아버지가 떠나고, 본인이 떠날 때까지는 계속 이 자리를 지키지 않겠냐며 할머니는 웃었다.

"할머니, 근데 진짜 웃는 얼굴이 너무 고우세요."

그렇게 말하는 작가와 막내 피디에게 "할머니가 뭘 그리 고와?" 하시면서 소녀 같이 웃던 할머니는 촬영 때 다시 오겠다는 우리에게 비타민 음료 세 병을 꼭 들려 보냈다. 우리가 보이지 않을 때까지 나무 문 사이

로 얼굴을 내밀고 손을 흔들어 주시는 할머니의 모습을 계속 뒤돌아보며 작가와 이야기했다.

"진짜 너무너무 좋다. 나중에 우리 촬영 때도 저 모습 담고 싶다."

코로나가 한창이던 본 촬영엔 헌팅 때와 달리 계획이 어그러지는 일이 꽤 있었다. 순라길도 마찬가지라, 촬영을 약속했던 장소에서 촬영하지 못하는 경우가 있었다. 오래된 골목엔 노인분들이 많고, 전염병에 취약할 수밖에 없다 보니 촬영에 응하지 않겠다고 하셔도 우리로선 어쩔 수 없는 일이었다. 다행히 L 할머니는 흔쾌히 약속을 지켜주셨다. 키가 큰 사진작가 제임스가 할머니의 조그만 한옥에 있는 풍경이 재밌었다. 제임스는 줄곧 할머니 집 곳곳을 카메라에 담았다. 할머니가 꾸려 나간 삶의 흔적이 가득한 집 안 곳곳의 풍경이 외국인 작가의 사진에 고스란히 담겼다. 할머니는 촬영하는 날에도 떠나는 우리에게 먹을 걸 한가득 안겨 주셨다.

"멀리서 왔는데 조심히 가요."

이번에도 할머니는 우리가 보이지 않을 때까지 웃으며 손 인사를 해 주셨다.

촬영을 마치고 내 지도 앱에는 '포비든 앨리: 서울 편'이라는 제목의 새로운 폴더가 생겼다. 이 폴더에는 서울에 살던 시절의 나는 결코 가 본 적이 없는 동네의 장소들이 담겨 있다. L 할머니의 그림 같은 작은 한옥도 거기에 있다. 그곳엔 기가 막힌 플랫화이트*도, 없어서 못 판다는 내

85

추럴 와인도, 두 시간 줄을 서서 먹어도 아깝지 않은 맛의 도넛도 없다. 할머니가 택배 기사나 우편부에게 주려고 냉장고에 늘 넣어두는 비타민 음료나, 멀리서 온 고향 사람들이 보이지 않을 때까지 느리게 흔드는 할머니의 손 인사가 있을 뿐이다. 인스타그램에 넘치는 서울의 핫 플레이스를 태그한 사진들에는 담을 수 없는 풍경이었다. 웃는 얼굴이 유난히 고운 할머니의 넉넉한 마음씨 덕분에 그 귀한 풍경을 우리는 제임스와 함께 카메라에 담을 수 있었다.

여전히 내 지도 앱에는 언젠가 가겠다고 벼르고 있는 장소들이 별일 없이 가득하다. 하지만 이곳에서 찾기 힘든 진짜 별은 숨은 골목에 있다. 그 별들을 찾으러 별 고생을 다하며 우리는 애쓰고 있는지도 모르겠다는 생각을 한다.

플랫화이트flat white는 에스프레소에 뜨거운 증기를 이용하여 고운 거품 형태로 만든 우유를 넣어 마시는 커피이다.

徐
菀

86

문래동 원미슈퍼 사장님

부산에서 나고 자란 10대 시절의 내게 서울은 꿈의 도시였다. 텔레비전으로 봤던 서울은 꼭 다른 냄새를 품은 도시 같았다. 바람이 솔솔 부는 한강의 풍경이 궁금했고, 멋을 낸 대학생들이 오가는 신촌의 온도가, 멋진 직장인들이 바쁘게 움직이는 광화문의 분위기가 탐났다. 부산에서도 집과 학교 밖을 벗어나는 일이 딱히 없는 타고난 '집순이'였음에도, 서울은 늘 내게 탐험하고 싶은 호기심을 불러일으키기에 충분했다. 대학 입학과 동시에 20대를 서울에서 보내면서도, 그 마음은 쉬이 사라진 적이 없다. 사람으로 북적이고 쉼 없이 변화하는 서울은 자주 나를 실망시키고 지치게 했지만, 딱 그만큼 새롭고 다채로운 풍경들로 나를 또 들뜨고 설레게 했다. 결코 지겨워질 수 없는 도시, 미워하려고 해도 미워지지 않는 도시, 나의 서울…. 내게 서울은 그랬다.

문래동은 대학 시절 딱 한 번 친구와 함께 탐험을 시도했던 동네였다. 힙스터*라는 말이 생기기도 전에 당시의 힙스터들이 꽤 주목했던 동네

힙스터hipster는 1940년대 미국에서 사용하기 시작한 용어로, 유행 같은 대중의 큰 흐름을 따르지 않고 자신들만의 고유한 패션과 음악 문화를 좇는 부류를 가리키는 말이다.

였던 것 같다. 을지로나 익선동, 성수동이 주목받기 전의 일이다. 집순이 답지 않은 선구자적인 행보였으나, 아무리 떠올려 봐도 쇠붙이 소리와 탁한 공기 외에는 딱히 기억나는 것이 없다.

"우리 잘못 온 거 같지 않냐?"

"그러게, 왜 가도 가도 공장뿐이지?"

힙한 동네에 대한 호기심은 넘쳤으나, 자연스럽게 힙해 본 적 없는 어설픈 20대 길치 둘은 공장으로 꽉 찬 골목만 헤매다가 지쳐 버렸다. 그로부터 십 년이 지난 후 촬영을 위해 문래 예술촌을 찾았다.

'아, 여기구나. 우리가 그때 찾아 헤맸던 곳이….'

10년 만에 제대로 찾은 목적지. 스물을 갓 넘긴 친구와 둘이서 건너편 골목을 헤매며 울상 짓던 기억이 나서 한참을 웃었다.

문래동은 일제강점기를 시작으로 오늘에 이르기까지 오랜 시간 공장들의 터가 되어 온 곳이다. 일제강점기에는 실을 만드는 방적공장과 노동자 기숙사가 지어졌고, 시간이 흐르며 그 자리를 각종 금속, 철강 공장들이 채워 나갔다. 기계 소리가 울려 퍼지는 문래동에 젊은 예술가들이 자리를 잡기 시작한 건 2000년대의 일이다. 문래동 예술촌 골목은 오래된 철공소와 젊은 예술가들의 작업실, 개성 강한 가게들이 어울려 독특한 분위기를 자아낸다. 우리가 촬영을 위해 문래동을 찾은 때는 무더운 8월의 낮이었다. 대낮이었는데도 문을 연 가게는 많지 않았다. 문래동의 터줏대감 격인 맥주집 사장님의 말에 의하면, 문래동에는 시차가 있다고 한다. 철공소들의 불꽃이 튀는 낮 시간과 젊은이들이 열정을 불태우는 밤 시간으로 말이다. 낮엔 오래된 철공소의 작업자들이 땀을 흘

徐
菀

리고, 해가 지면 젊은이들이 모여 저마다의 즐거움을 좇는다. 밤이면 새로운 음식, 개성 있는 음악, 청춘들의 웃음과 술잔을 부딪치는 소리가 골목을 채운다.

우리는 골목의 낮을 지키는 사람들을 포착하고 싶었다. 새롭고 생기 넘치는 공간과 사람들이 밀려들어 변화하는 골목 한편에서 묵묵히 자리를 지키고 있는 사람들, 사진을 찍거나 구경하기 위해 몰려든 이들의 시선 밖에서 하루치의 노동을 성실하게 수행하고 있는 이들이었다.

'탕, 탕, 탕…'

일정한 쇠붙이 소리 속에서, 두꺼운 용접 마스크로 얼굴을 가린 채 그들은 우직하게 무언가를 만든다. 사진작가 제임스는 그들의 땀방울을, 두툼한 손을 사진에 담았다. 사진 속 주인공인 K 사장님은 한때 엔지니어들로 넘쳐났던 한낮의 골목이 그립다고 했다. 하지만 세월이 흐르고 세태가 바뀌고 있으니 어쩔 수 없지 않겠냐면서 말이다. 사장님은 자꾸만 사라지는 철공소들의 빈자리를 아쉬워하면서도, 할 수 있는 한 이곳에서 계속 작업하겠다고 했다. 충청도 사투리가 진하게 묻어나는 그의 말은 느리고 부드러웠지만, 우직하고 단단하게 들렸다.

원미슈퍼는 무더위에 지쳐 터덜터덜 걷다가 우연히 발견한 곳이었다. '원미=슈퍼+족발+담배'라고 궁서체로 쓰인 간판을 단 오래된 슈퍼였다. 살짝 열린 문틈으로 콩국수를 먹고 있는 동네 어르신과 앞치마를 두른 주인 할머니가 보였다.

"선배님, 콩국수를 파는 재밌는 슈퍼가 저기 있는데요!"

내 말에 선배는 촬영하면 좋을 것 같으니 섭외를 시도해 보라고 했다.

徐
菀

웃는 얼굴이 푸근한 주인 할머니는 내 섭외 요청을 완강하게 거절했다.

"여기 볼 것도 없는데 뭘 찍어. 저기 봐, 우리 애들 사진도 걸어놨는데 부끄러워서 안 돼."

할머니의 소담한 가게 벽엔 자식들과 손주들이 한데 모여 찍은 가족 사진이 걸려 있었다.

"사진은 안 나오게 할게요. 사장님, 저 부산에서 왔는데요, 가게가 너무 신기하고 재밌어서 꼭 촬영하고 싶어서 그래요. 어떻게, 한 번만 안 될까요?"

어색하게 웃으며 계속되는 나의 사정에 콩국수를 들던 어르신도 말을 보탰다.

"뭐, 돈 드는 것도 아닌데. 홍보도 되고 좋지, 사장님."

"내가 아가씨 봐서 하는 거다. 하도 사정하니까 딱해 보이기도 하고."

할머니는 그렇게 말하며 눈을 찡긋했다. 어려운 섭외에 성공했다는 기쁨과 소중한 시간을 내어주신 감사함에 몇 번이고 고개를 숙였던 기억이 난다.

"제임스라고 하는 키 큰 미국 친구가 올 건데요. 한국말은 잘하지는 못해도 사장님 사진은 진짜 예쁘게 찍어줄 거예요."

멀대같이 키가 큰 제임스가 할머니의 작은 가게에 앉아 콩국수를 주문했다. 채식주의자인 제임스에겐 딱 맞는 메뉴였다. 작지만 정갈한 부엌에서 주인 할머니는 빠른 손놀림으로 콩국수 한 그릇을 뚝딱 만들었다. 오랫동안 이곳에서 자리를 지키며 음식을 만들어 온 할머니의 세월이 그대로 묻어나는 한 그릇이었다. 더위로 지친 제임스는 촬영도 잊은 채

시원한 콩국수를 맛보며 '맛있어요!'를 연발했다. 주인 할머니는 부엌에서 몇 번이고 나와 콩물을 들이키는 멀대같이 큰 미국 청년의 표정을 살폈다. 제임스의 얼굴에서 할머니는 아마도 수십 년간 그녀가 만든 음식을 먹었던 사람들이 짓던 함박만 한 웃음을 발견했을 것이다.

　서울을 좋아한다. 싫증 날 새 없이 빠르게 변하는 서울의 생동감이 좋다. 새로운 것을 기꺼이 받아들이는 서울의 유연함도, 그 어떤 빛깔도 발견할 수 있는 서울의 다채로움도 좋다. 다만, 이 아름다운 도시가 오래되고 낡은 것들을 좀 더 소중하게 여겨주길 바란다. 문래동이나 을지로, 성수동 같은 골목에 붙는 '힙하다'는 말끝에는 특색 있는 콘셉트의 카페나 술집만이 붙을 때가 많다. 그곳을 오랫동안 지켜 온 사람들과 세월의 가치는 새로운 장소와 사람들에 가려져 쉽게 주목받지 못한다. 오히려 골목의 정수인 그들이 '힙'을 위한 들러리로 전락하는 순간을 목도하기도 한다. 하지만 조금만 더 진득하게 들여다보면 알게 될 것이다. 오래되고 낡은 골목의 풍경과 그곳을 지키고 있는 사람들이 꽤 보석 같은 메시지와 이야기를 숨기고 있다는 것을 말이다. 어쩌면 진짜 서울의 '힙'을 그곳에서 만나게 될지도 모른다. 그놈의 '힙'이 도대체 뭔지는 정확히 모르겠지만, 확실한 건 문래동 골목에서 내가 만났던 모든 사람과 그들의 이야기는 더할 나위 없이 힙했다. 미국식 햄버거 가게나 와인 잔에 그림을 그리는 내추럴 와인 바보다 더 힙했다. 쌍꺼풀 없는 눈이 매력적인 할머니가 슈퍼에서 직접 만든 콩국수를 판다니까요, 진짜!

성북로
29

서울, 북정마을 심우장

　스무 살부터 꼬박 11년간 서울에 살았다. 기숙사에서 원룸으로, 오피스텔에서 다시 원룸으로 내가 머무는 방의 풍경은 여러 번 달라졌지만, 그중 최악은 서른 살 때 구했던 북서향 방이었다. 다니던 회사를 그만두고 언론사 공채를 준비하겠다고 취업준비생 시절을 보냈던 동네로 돌아와 자취방을 구했던 그날의 기억이 여전히 생생하다. 부동산 사무소에서 보여주는 방들이 마음에 차지 않아 조금 지쳐 있었다. 엘리베이터가 있는 번듯한 10층짜리 건물의 7층으로 올라가 문을 열었는데, 부엌이 분리된 구조에 커다란 창이 무려 두 개였다. 커다란 창으로 노을빛이 깊이 들어오고 있었다. 채광이며 환기는 말할 것도 없고 화장실이 좀 좁은 게 흠이지만, 혼자 살기에는 나쁘지 않은 크기인 것 같았다. 두 개의 창은 각각 북쪽과 서쪽을 향해 나 있었다. 그곳이 오랫동안 공실이었다는 사실은 한참이 지난 뒤에야 알게 되었다. 아무리 보일러를 돌려도 따뜻해지지 않는 방이 있다는 걸 그때 처음 알았다.

서울의 마지막 달동네라고 불리는 북정마을에는 아주 유명한 북향집이 있다. 만해 한용운의 심우장尋牛莊이다. 독립운동가이자 시인이며 승려였던 한용운은 1930년대에 성북동 깊은 골짜기에 집을 지었다. 방 두 칸짜리 집은 북향인데, 남향으로 집을 지으면 조선총독부 건물을 바라보게 되었기에 만해가 일부러 집을 북향으로 지었다는 이야기가 전해져 온다. 우리가 촬영을 위해 북정마을을 찾은 때는 뙤약볕이 강한 8월의 여름날이었다. 심우장의 소박한 방은 어두컴컴하고 서늘해 보였다. 독립투사의 흔적이 고스란히 남은 북향집에서 여름에도 늘 어둡고 축축했던 내 북향 방을 떠올렸다. 총독부 건물이 보기 싫어 북향으로 집을 지은 만해는 이곳의 어둠과 서늘함 속에서 무슨 생각을 하며 버텼을까? 커다란 두 개의 창으로 들어오는 웃풍을 견디며 서른의 나는 자주 슬프고 불안했다. 쨍한 초록색으로 뒤덮인 동네의 건물 옥상들을 내려다보며 실패한 취업준비생인 채로 이곳을 벗어나지 못하면 어쩌지 하는 생각을 했다. 저항 시인으로 일제의 폭압에 맞섰던 만해에게도 컴컴한 북향 방에서 불안하고 슬픈 날들이 많았을까? 강직한 독립운동가였던 만해는 해방을 1년 앞두고 세상을 떠났다. 심우장의 작고 컴컴한 방에서 눈을 감는 순간에 그는 어떤 마음으로 조국의 해방을 그렸을까.

심우장이 있는 북정마을은 성북동 꼭대기에 있다. 좁은 골목들이 미로처럼 난 이곳에 오기 위해선 성처럼 견고한 성북동의 고급 주택들을 지나야 한다. 담장이 하늘에 닿을 것 같이 올라간 부유한 집들을 질릴 만큼 지나서야 낡고 오래된 북정마을을 만날 수 있다. 이곳에선 오래된 부

徐
菀

촌인 성북동 일대가 한눈에 내려다보인다. 부서져 가는 낡은 골목을 조금만 벗어나면 개미 한 마리 범접하지 못할 만큼 높은 담으로 둘러싸인 집들로 이뤄진 풍경이 펼쳐진다. 북정마을 정보를 얻기 위해 포털 사이트에서 북정마을을 검색하다가 이런 뉘앙스의 글을 발견한 적이 있다.

"이런 고급스러운 풍경을 가진 땅이 아직도 재개발되지 않았단 건 말이 안 되죠."

촬영하며 다녔던 수많은 골목처럼 북정마을도 재개발이라는 명목으로 곧 사라질 게 자명한 곳이었다. 하지만 이곳에서 내려다보이는 부유한 주택들은 수십 년 전에도 그랬듯 수십 년 후에도 변치 않는 모습으로 존재할 것이다. 세상 사람들이 선망하는 부가 나날이 그 역사를 유지하며 몸집을 부풀리는 동안, 가난은 자꾸만 세상의 주변부로 밀려나 자취를 감춘다. 눈에 쉽게 띄지 않는, 그러나 분명 존재하는 사람들과 삶과 이야기가 그렇게 계속 사라지고 있다. 다큐멘터리 포비든 앨리를 만드는 건 그 사라져 가는 삶과 이야기의 흔적을 고스란히 기록하는 일이기도 했다.

방송국 피디로 일하면서 북서향 원룸을 떠났다. 여름에도 서늘한 기운이 감도는 그 방의 계약 기간은 2년이었다. 1년을 채우고 방송사 공채에 합격해 부산으로 이사했지만, 새로운 세입자를 찾지 못해 나머지 1년간 빈방의 월세를 꼬박꼬박 내야만 했다. 내게 즐겁지 않은 기억을 꽤 선사한 방이지만, 서울이라는 도시에는 내 북서향 원룸보다 살기 힘든 종류의 방들이 훨씬 더 많다는 걸 안다. 만해 한용운의 심우장을 품은, 그러나 곧 사라질 낡은 골목 끝에서 끝없이 이어진 고급 주택들을 내려다 보며 이상하게도 그 방들이 떠올랐다. 수십억, 수백억 원을 호가한다는 이 오래된 부촌의 집들이 담을 높이고 몸집을 부풀릴 동안 왜 어떤 방들은 자꾸만 작아지고 쪼개지는 걸까. 낡고 오래된 골목의 오래된 집들을 허물고 나면 이곳에 머물던 사람들은 어디로 가게 되는 걸까. 어쩌면 그 수많은 방 중 하나로 향해야 하는 걸까. 혹자가 보기엔 '기가 막히게 고급스러운 풍경'을 내려다보며 그런 이상하고 슬픈 생각을 했다. 해방된 조국을 꿈꿨던 만해가 2022년으로 와 이 풍경을 본다면 어떤 기분이 들까. 그가 꿈꿨던 조국의 미래와는 그리 어울리지 않는 풍경일지도 모른다. 부동산 투자로 쉽게 부를 거머쥔 이들의 이야기를 대단한 승리의 서사로 다루는 이 시대에 낡고 오래된 골목은 낭만적이지만 어쨌든 개발해야 하는 대상으로만 비친다. 역사조차 존재하지 않는 수많은 집답지 않은 방들은 말할 것도 없다.

서울에서 손에 꼽히는 부자들만 산다는, 오래된 부촌이라 불리는 성북동 꼭대기에 자리한 그곳에서 이 도시의 빈부격차를 목도하며 우리는 자주 쓸쓸해졌다. 가끔 어떤 삶은 가난하다는 이유만으로 쉽게 지워진다. 어떤 삶이 부유하다는 이유만으로 쉽게 추앙받듯이 말이다. 골목이 사라진다는 건 단순히 공간이 사라진다는 뜻이 아니다. 그곳을 채우던 사람이, 삶이, 이야기가 사라진다는 의미다. 프로그램을 제작하는 내내 우리가 낡은 골목의 마지막 풍경을 기록한다는 생각을 많이 했다. 어디를 가나 재개발 이야기가 흘러나왔고, 모두가 그걸 당연히 여겼다. 돈과 개발의 논리에 밀려 사람이, 삶이, 이야기가 사라진다. 그건 결코 자연스

徐
菀

럽거나 당연한 일이 아니다. 북정마을을 비롯해 우리가 담았던 수많은
골목이 오랫동안 사람을, 삶을, 이야기를 품을 수 있기를 바란다. 우리가
지켜야 할 아름다운 풍경은 고급스러운 부촌이 아니라, 좁고 낡은 골목
의 한 편에 있을지도 모르니까 말이다.

大田

대전 —————— 청주

清州

매일 바뀌고 있는 소제동과 부흥길

"대전이요?"

포비든 앨리 대전 편 제작이 결정된 뒤 작가들의 반응은 대부분 놀람과 걱정이었다. 일명 '노잼' 도시로 불리는 대전을 왜 하고 싶냐는 그들의 우려에 더더욱 대전이란 도시가 알고 싶어져 대전행 취재 버스에 몸을 실었다. 달리는 차 안에서 내 귓가를 울리는 목소리는 애써 무시한 채 말이다.

"그런데 진짜 노잼이면 망하는 거예요!"

대전에 도착해 가장 먼저 한 일은 미국 출신 사진작가 '제임스'를 만난 것이다. 그는 섭외 당시부터 수려한 외모와 귀에 쏙쏙 들어오는 영어로 인상 깊었는데, 실제로 만나니 잘생긴 영화배우 닮았다. 반지의 제왕 프로도의 영원한 친구 '샘와이즈 갬지' 말이다! 대전의 W대학교에서 교수로 재직 중인 무려 15년이 넘는 시간을 대전에서 보냈다. 특히, 대전의 명소로 부상하고 있는 '소제동'을 10년이 넘는 시간 동안 사진으로 남기는 '소제 프로젝트'를 기획해 사라져 가는 동네를 기록하는 일도 하고 있었다. 10년 전 그는 호기심에 소제동에 갔다가 이 동네의 매력에 완전히 빠져들었다고 한다. 오래된 동네, 갈 때마다 변하는 동네의 모습들… 그것을 남기고 싶었다고 한다.

제임스를 따라 대전역을 빠져나가니 바로 소제동이 보인다.

소제동은 100년이 넘은 철도 관사촌의 현존하는 모습을 우리나라에서 유일하게 볼 수 있는 오래되고 작은 동네다. 대전은 현재 한국철도공사 본사가 있어 철도의 도시라고 불린다. 지정학적으로 한반도의 중심에 있어 교통과 물류의 중심지였던 대전이기에 소제동은 우리 프로그램에도 빠질 수 없는 곳이었다. 대전역에서 소제동까지는 걸어서 5분 정도다. 중앙로라 불리는 큰 대로를 사이에 두고 양쪽으로 동네의 풍경이 정반대이다. 한쪽은 카페와 식당이 새롭게 들어서고 있는 살아있는 느낌이고, 다른 한쪽은 적산가옥이 모여 있는 오래된 느낌이다. 그 상반된 느낌처럼, 소제동 입구에 들어서자마자 두 개의 플래카드가 보인다. 하나는 소제동 재개발을 찬성한다는 것이고, 다른 하나는 보존하자는 것이었다. 변화와 보존 사이에서 소제동은 몸살을 앓고 있었다. 제임스는 우리에게 소제동이 매일 바뀐다고 했다. 사진을 찍으러 올 때마다 바뀌는 동네의 모습, 사라져 가는 이웃들, 비어 가는 집들과 죽어가는 동네의 모습과 대비해 계속 생겨나는 카페와 음식점의 모습이 아쉽다고 했다. 마치 삶과 죽음이 반복되듯, 동네가 죽어 가면서 다시 살아나는 듯하다고 한다.

大
田

111

大田

소제동 골목에 들어서자 분위기가 을씨년스럽다. 사람들이 살지 않는 빈집에는 사람 대신 잡초와 고양이들이 점령해 버렸다. 하지만 그 느낌이 주는 특별함이 있었다. 무너져 가는 담장과 얼마나 덧칠한 지 모를 만큼 오래된 벽, 나무 전봇대, 특히 골목을 걷다 보면 특이한 구조의 집을 볼 수 있는데, 일제강점기 때 철도관사*로 사용되었던 집이다. 안채와 바깥채로 이루어져 있으며, 지붕 한쪽 면에 몇 호 집인지를 알리는 한자로 쓴 숫자가 쓰여 있다.

골목을 걷다가 더는 운영하지 않는 듯한 슈퍼마켓을 발견했다. 분명 간판은 있었지만, 안에 물건은 없었다. 슈퍼마켓 앞에는 동네 쉼터 같은 곳이 있었는데, 아마도 이 동네의 사랑방 같은 곳이었을 것이다. 우리는 슈퍼마켓 주인을 만나 동네 이야기를 들을 수 있었다.

이 동네는 철도 관련 사람들이 많이 살았다고 한다. 그때는 장사도 잘됐고, 골목은 사람들로 북적였다고 한다. 하지만 동네는 점차 낙후되어 갔으며, 재개발로 인해 대부분 사람이 떠났고, 본인도 더는 이 동네에 살지 않는다고 했다. 그는 재개발을 찬성하는 입장이었다. 동네는 낙후되어 우범지역처럼 변했고, 일제강점기 관사 즉, 일제의 잔재를 왜 보존하면서 지켜야 하는지 궁금해했다. 이 동네는 개발과 보존 중에 어떤 선택을 할 것인가? 일제의 잔재는 어디까지로 정의할 수 있을까? 골목을 걷는 내내 이 질문이 떠올랐다.

철도관사 내부 관람을 원하는 여행객들에게 기회가 있다. 소제동 곳곳의 예술 창작 공간에서 관사를 임대해 갤러리로 꾸며 놓기도 하며, 소제동의 많은 카페가 그 형태를 보존하며 운영한다.

그렇게 우리는 동네를 돌아다니다가 흥미로운 세탁소를 발견했다. 이 세탁소는 소제동 주택가 안쪽에 있는데, 길가에 옷들을 걸어 놓았다. 한 가지 특이했던 건, 대부분 철도 관련 종사자들의 옷이었다. 따뜻한 햇볕에 파란 옷들이 나부끼며, 말 그대로 파란색 파도가 넘실대는 듯하다.

철도의 도시에 이만큼 어울리는 게 있을까? 세탁소 주인은 자신의 옛날이야기를 꺼냈다. 그는 50년 동안 이곳에서 세탁소를 운영했다고 한다. 이 지역에 사는 철도원 대부분이 그의 세탁소에 옷을 맡겼는데, 그렇게 번 돈으로 자식들을 대학까지 보냈고, 아직도 이곳 그 장소에서 철도원들의 옷을 다림질하고 있다. 연탄불로 불을 올려 다리미질했던 그 시절부터 말이다.

소제동은 사람들이 많은 곳이었고, 소시민이 사는 따뜻한 동네였다고 한다. 특히, 그는 이 동네의 쇠락을 아쉬워했다. 비록 일감은 줄고 주민들도 떠났지만, 묵묵히 옷을 다리며 이 골목을 지키고 있었다.

소제동 골목들을 돌아다니는 동안 제임스의 말이 자꾸 떠오른다.

"Dead alley, live alley."

그는 골목도 생명이 있다고 했다. 사람들이 살고 있을 때는 골목도 그들처럼 살아있지만, 그들이 동네를 떠나면 골목은 죽고 만다. 낙엽과 쓰레기가 쌓여 걷지 못하는 소제동의 많은 죽은 골목들처럼 말이다. 소제동에 간다면 SNS의 멋진 카페도 좋지만, 골목길을 걸어보자. 죽은 골목들이 발걸음에 의해 살아날 것이다.

大
田

대전의 랜드마크는 단연 한국철도공사의 쌍둥이 빌딩이다. 철도의 도시를 잘 보여주는 곳이자 심장이라고 할 수 있기 때문이다. 신안동은 쌍둥이 빌딩 바로 앞에 자리 잡고 있는 작은 마을이다. 소제동과도 큰 대로를 두고 마주 보고 있는 이웃 마을인 셈이다. 우리는 신안동 골목으로 걸음을 옮겼다.

부흥길. 골목 이름과는 대조적으로 길 위에는 쓰러져 가는 폐가들이 즐비하다. 제임스는 소제동이 삶과 죽음이 반복되는 곳이라면, 신안동은 죽어 가는 마을이라고 했다. 재개발로 인해 사람들이 떠나는 동네, 완전한 죽음이 있어야 비로소 새 삶이 태어나는 곳이다. 신안동의 부흥길은 새 삶을 염원하는 사람들의 마음이 담긴 길일까?

솜길, 이 일대에는 대전의 유명한 솜 공장들이 있다고 한다. 골목 이름을 따라가다 보면 이 동네가 보인다. 과거가 보이고 현재가 보인다. 우리는 솜길을 따라 솜 공장이 있는 골목으로 들어서는데, 오래된 낡은 기계에 발길이 닿는다. 지금은 작동하지 않는 기계와 그곳을 지키고 있는 노인의 가게에 조심스럽게 들어가 본다. 그녀는 대전에서 솜 공장을 운영하는 남편에게 시집와 이 자리에서만 50년간 일했다. 한 집에 여러 식구가 세를 놓고 살던 어려웠던 시절, 결혼식을 앞두고 혼수로 이불을 장만하려던 사람들과 겨울을 앞두고 솜이불을 다시 푹신하게 따뜻하게 만들려는 사람들로 솜길은 문정성시를 이루었다. 세월이 흘러 이웃들은 하나둘씩 마을을 떠났고, 그녀는 아픈 남편 대신 홀로 이 가게를 지킨다.

대전 ──── 솔랑시울길

냄새로 먼저 아는 한의약 거리와 인쇄 골목

교통이 발달한 도시에 가면 늘 있는 거리가 있다. 바로 한의약과 인쇄 골목이다.

대전역 바로 앞에 자리한 한의약 거리는 서울의 경동시장, 대구의 약령시장과 함께 전국 3대 한의약 거리에 꼽힐 정도로 유명하다.

한국전쟁 당시 철도의 중심지였던 대전역을 중심으로 사람들이 길거리에서 한약을 팔면서부터 시장이 형성되었고, 경상도와 전라도 지역에서 올라온 사람들이 이곳에서 사 갔다고 한다.

한약 냄새가 거리에 가득하다. 한 가지 신기한 건 거리 곳곳에 있는 약방앗간*이었다.

참새가 방앗간을 그냥 지나치랴!

떡 방앗간은 들어봤어도 약 방앗간*이라…. 문을 열고 들어가 본다. 약방앗간은 고객들이 약재를 갖다 주면 분말이나 환으로 만들어 주는 곳

약 방앗간은 관할 구청에 정식으로 신고하여 등록된 곳으로, 고객들이 약재를 갖다 주면 분말이나 환으로 만들어 주는 곳이다.

大
田

大
田

이다. 한약방과는 차별화 전략으로 자신들만의 고객을 유치한 것이다. 20년이 넘는 세월 동안 이곳에서 방앗간을 운영했다는 분의 말을 빌리자면, 비록 대전의 원도심은 세월이 지나면서 쇠퇴하고 있지만, 전국적 명성을 유지하고 있는 대전 한의약 거리가 자랑스럽기만 하다고 한다.

한의약 거리를 지나면 '인쇄거리'가 나온다. 대전 인쇄거리는 서울, 대구와 함께 전국 3대 인쇄거리라 불릴 만큼 활성화되었는데, 삼정동, 정동 그리고 중동 지역 등을 그렇게 부른다. 한국전쟁 후 인쇄산업이 발달했을 당시 전국으로의 물류 이동이 수월하였던 이곳은 중흥기를 이루었다고 한다. 인쇄거리를 취재할 당시 마을 해설사가 동행하고 있었는데, 그녀는 갑자기 내게 족보에 관심이 있는지 물었다.

"족보요?"

집 서랍장 한편에 고이 모셔 두고 있는 족보… 이곳에 족보가 웬 말이지? 그녀는 전국에서 가장 유명한 족보 인쇄사가 이곳에 있다고 알려주었다. 아날로그에서 디지털로, 인쇄매체가 활력을 잃어 가는 요즘 까먹고 있었던 그것…. 나는 바로 '회상사'로 걸음을 옮겼다.

회상사는 입구에서부터 오래된 빌딩 느낌이 들었다. 어쩌면 너무 오래되어 을씨년스러운 느낌마저 들었다. 우리의 갑작스러운 방문에도 회상사 사장은 우리를 반갑게 맞이했다.

회상사는 1954년에 문을 열었다. 지금의 회상사 사장은 가업을 이어받아 이곳을 지키고 있었다. 진국 대부분 성씨의 족보가 이곳에서 제작되었고, 그만큼 족보 제작 노하우도 최고였다. 우리는 공장 내부를 구경했다. 오래된 기계와 활자들, 수없이 쌓여 있는 족보 책자. 누군가의 성씨 족보가 실시간으로 제작되고 있는 것을 보니 감회가 새로웠다.

공장을 둘러보던 우리에게 그는, 아쉽지만 회사 운영이 힘들어져 곧 작은 곳으로 이사해야 한다고 말했다. 그는 앞으로는 보기 힘들 회상사의 오랜 모습을 보여주고 싶다면서 쓸쓸하게 텅 빈 층으로 우리를 안내했다. 칸막이가 쳐진 방 안에는 책상이 놓여 있었고, 먼지가 가득 쌓여 있었다. 회상사 사장은 이곳에 대한 추억을 회상했다. 이 장소는 문중 사람들이 자신의 족보가 나오면 모여 앉아 오타를 확인하는 방이었다. 한복을 입고 수염을 길게 늘어뜨린 할아버지부터 갓난아이까지 다양한 성씨의 사람들이 이 층을 가득 채웠다고 했다. 한편에는 지금까지 인쇄한 족보들이 전시되어 있었다. 김 씨에서부터 장 씨, 이 씨 등 모든 뿌리가 이곳에서 뻗어 나가고 있는 듯한 느낌을 받았다.

나는 지금 이 장소에 있는 회상사를 기록하고 싶었다. 이사 준비로 바쁜 그에게 몇 가지 물건들은 짐 싸는 것을 늦춰 달라는 양해도 구했다.

지금 이 글을 쓰는 순간, 회상사는 방송에 나온 그 자리가 아닌 곳에 있을 것이다. 비록 장소는 바뀌었어도 우리의 뿌리를 대대로 전달하려는 그의 노력은 계속될 것이다. 골목 여행 중 찾은 잊혀 가지만 잊히면 안 될 것들을 마주했다.

大
田

大
田

무지개를 걷는 듯한 대동하늘공원

　피란민들이 모여 살았던 대전의 대동마을은 벽화로도 유명하다. 전국 도시재생사업 중 가장 유명한 벽화 그리기, 그 1세대 마을 중 하나가 대동마을이다. 대동마을 초입에 들어서자 특별한 가게가 하나 눈에 띄어 들어가니 아기자기한 작품과 기념품들이 전시되어 있었다.

　"어서 오세요!"

　우리에게 말을 거는 이가 있으니 바로 박진석 작가다. 그는 이곳에서 지역 작가들의 작품을 전시도 하고, 여행자들에게 마을 소개도 해주는 여행 쉼터 같은 곳이라고 한다. 박 작가는 대동마을 토박이로, 대동마을을 알리고 싶어 청년 작가들과 함께 의기투합하여 이 공간을 조성했다. 이곳을 단순히 벽화마을로 구경하는 것만으로 그치지 않고, 역사와 의미를 되새기며 숨겨진 이야기들을 알려주고 싶어 마을 해설 코스도 조성해 놓았다.

　대동마을 골목은 옛 모습을 많이 간직한 곳이었는데, 좁고 구불구불한 골목들을 지나가다 보면 아름다운 벽화들이 여행자들에게 즐거움을 선사해 준다. 비록 산 중턱에 자리한 대동마을의 특성상 골목길을 오르는 것이 산행하듯 힘들었을 때도 있지만, 그때마다 잠시 쉴 겸 걸음을 멈추고 뒤를 돌아보노라면 탁 트인 대전 시내가 한눈에 들어오는데, 그 전경은 보는 이의 감탄을 자아내기에 충분하다.

골목 산행(?)에 지친 여행자들을 위해 마을 곳곳의 카페들도 추천한다. 우리는 박진석 작가의 추천으로 '대동단결'이라는 이름의 카페에 방문했다. 카페 마당에 앉아 있으면 대전시에 펼쳐진 야경을 감상할 수 있으며, 곳곳에는 복고풍 물건들로 가득 채워진 아주 멋스러운 곳이다. 〈유퀴즈 온 더 블럭〉의 촬영지로 유느님이 앉았던 자리도 있다.

대동마을의 수많은 골목 중 방송에서는 사진작가 제임스 애덤스가 "무지개를 걷는 것 같은 기분이 든다."라고 표현한 골목을 추천한다. 벽화는 없지만, 취재 당시 골목이 주는 색감이 너무 강렬해 프로그램에 꼭 넣고 싶었던 골목이었다. 이 마을 주민들은 매일 행복한 느낌이 들 것 같은 곳이다.

대동마을의 하이라이트는 마을 꼭대기에 있는 '하늘공원 풍차'다. 이곳에서 바라보는 대전의 야경이 아름다워 여행객의 필수 코스로 잘 알려져 있다. 풍차는 골목 여행의 끝 대동하늘공원 한가운데에 있는데, 풍차에서 바라보면 대전 시내가 한눈에 들어온다. 나는 이곳에서 대전 편 클로징을 찍고 싶었는데, 우리가 갔던 대전 골목을 모두 볼 수 있을 뿐만 아니라, 랜드마크인 코레일 쌍둥이 타워도 보이기 때문이었다.

大
田

대동마을 꼭대기에는 '연애바위'라고 불리는 곳이 있다. 과거 피란민들이 산기슭에 터를 잡고 살던 당시 사랑을 나누기 힘들었다고 하는데, 판잣집은 너무 좁고 집은 다닥다닥 붙어 있어 사생활이 보장되지 못했기 때문이다. 민둥산에 자리한 대동마을, 사람들이 연애바위에 올라오면 밑에서는 위가 보이지 않았고, 위에서는 밑에서 누가 올라오는지 보였다. 그래서 그들은 이곳에서 사랑을 나누었다는 이야기를 듣고 연애바위에 올라가 보니 마을이 다르게 보인다. 힘들지만 열심히 살아가던 그때 그 시절 사람들과 세월이 흘렀지만 우리 모두를 관통하는 '사랑'이라는 단어가 주는 느낌이 새롭기만 하다.

시작과 끝이 만나는 대전 골목의 끝…. 누가 대전을 '노잼' 도시라 말했는가? 골목에서 들리는 이야기를 따라가 보라.

大田

예상치 못한 만남, 오두막

청주는 '직지*의 도시'이자 '교육의 도시'다.

교육의 도시 이미지를 잘 표현하는 곳 중의 하나가 바로 향교다. 나는 향교 주변으로 뻗어 있는 골목과 사람들의 삶을 보여주고 싶었다. 향교 바로 앞에 자리 잡은 이른바 '청주의 몽마르트르'라고 불리는 향교길(대성로), 그리고 그 옆으로 나 있는 당고개로(당산고개를 주변으로 나 있는 길) 주변으로는 골목이 있다. 향교길을 따라가다 보면 청년 예술가들이 조성한 많은 예술 공간을 접할 수 있다. 독립영화를 관람할 수 있는 창작촌인 '대성비디오'와 복합창작문화예술촌인 '가람신작' 등이 그중 대표적이다. 향교길을 여행할 계획이라면 예술 공간을 꼭 방문해 보라고 추천하고 싶다. 청주의 젊은 청년 예술가들의 고민과 열정을 볼 수 있는 시간이 될 것이다.

직지直指는 현존하는 세계에서 가장 오래된 금속활자본 《직지심체요절直指心體要節》을 말한다. 현재 프랑스 국립도서관에 소장되어 있으며, 2001년에 유네스코 세계기록유산으로 지정되었다.

清
州

"오랫동안 이곳에서 산 터줏대감입니다."

향교 바로 앞에 자리 잡은 '대성마트'라고 하는 조그마한 슈퍼마켓 앞 표지판에 쓰인 문구가 흥미로워 가게 안으로 들어가니, 가게 주인이 마을 주민들과 담소를 나누고 있었다. 슈퍼마켓은 집과 가게가 하나로 된 일체형으로, 마을의 사랑방 역할을 하는 곳이었다. 가게에 들어서면 옆으로 가게 주인의 침실(?)이 바로 나오는데, 그곳이 계산대 겸 좌판 역할도 한다. 주인은 이곳에서 오랫동안 장사했다. 어렵게 살지만, 나누며 살던 동네는 따뜻함이 있었고, 목이 좋아 가게에 들르는 이들도 꽤 있었다. 골목은 물지게를 지고 갈 때면 두 사람이 지나가지 못할 정도로 좁아 벽에 붙어서 가기 일쑤였다고 한다. 가게 앞에서 물끄러미 우리를 바라보는 주인이 키우는 백구 한 마리가 동네 분위기와 묘하게 어울린다.

슈퍼마켓 주인과 대화를 마치고 가게 옆으로 나 있는 길을 따라가니 마을 입구에 우물이 보인다. 지금은 사용하지 않지만, 과거 이곳의 식수를 해결했다고 한다.

마을로 올라가는 언덕의 좁은 골목길은 두 사람이 지나가기에는 정말 좁아 보였다. 그 특별한 오두막은 갑자기 나타났다. 햇볕이 잘 드는 언덕에 자리 잡은 아담한 오두막은 첫눈에 반했다고 할 만큼 나의 관심을 충분히 끌 만했지만, 아쉽게도 집주인은 집에 없었다. 이틀이라는 시간 동안 그 집 주변을 서성거렸지만, 결국 집주인은 만나지 못했다.

'삼고초려.'

유비가 제갈량을 만날 때의 심정이 이랬을까? 촬영 당일 다시 한번 오두막에 들러 문을 두드리는 그 순간도 집주인이 막 외출하려던 참이었다. 나는 정말 정성을 다해 빌다시피 하여 촬영을 주저하던 주인을 설득했다. 나의 간절함이 통했던지 마침내 집주인은 그녀만의 특별한 오두막을 공개해 주었다. 꽤 정교한 오두막은 성인 네 명이 올라가도 끄떡없었다. 올라가는 계단도 흔들림 없는 편안함을 느낄 정도였다.

"제가 만든 오두막 괜찮죠?"

집주인의 이 한마디 물음에 우리 일행 모두 깜짝 놀랐다. 그녀에게 오두막을 짓게 된 이유를 물었다.

"그냥 만들고 싶었어요!"

그녀는 오랜 꿈을 실행한 것이다. 2년 동안 모든 자재를 직접 공수해서 한 땀 한 땀 지은 오두막이다. 디자인과 설계, 망치질 그 모든 것을 혼자서 직접 했다고 한다. 이곳에 진심인 그녀는 주변에 다양한 꽃을 심어 봄이면 더욱더 아름답게 꾸몄다.

사진작가 제임스는 고향이 생각난다고 했다. 미국인인 그는 자신이 어렸을 때 이런 오두막을 지어서 놀았다고 한다. 제임스는 그녀가 직접 지었다는 사실에 한 번 놀랐고, 오두막의 정교함에 두 번 놀랐으며, 그곳에서 바라보는 마을 경치에 세 번 놀랐다. 참 재미있는 풍경이었다. 미국인이 먼 타국에서 우연히 만난 오두막, 이곳에서 자기 고향과 어린 시절을 추억한다는 것. 그는 오두막에 올라가 한참 동안 회상에 잠겼다.

우연히 만난 그녀의 오두막⋯ 청주 향교길을 걷다 보면 발견할 수 있는 보석과도 같은 곳이다.

골목 여행의 매력은 바로 이런 예상하지 못한 만남이 아닐까 한다.

清
州

131

大

대구 ————

邸

자동충전기.리액터.정류기.자동제어.도란스 전문제작

광 명 | 도란스

T(053) 425 - 1489

대구역 주변에서 만난 여관 골목과
칠성상가아파트

좁고 고불고불 펼쳐진 골목길 입구에서 우리는 그 안에 어떤 풍경과 이야기가 있는지 모른다. 들어가 봐야 비로소 보인다. 호기심 어린 눈으로 느릿느릿한 발걸음으로 걷다 보면 흥미로운 그림을 발견하게 된다.

"흥미롭군요. 여기에 뭐가 있는지 들어가 볼까요."
골목 입구에서 출연자가 나긋한 목소리로 말한다.

대구역에서 시작해 칠성시장을 걸었다. 집과 집 사이에 펼쳐진 좁은 길이 있으면 어김없이 들어가 두리번거린다. 그러다 발견한 첫 골목. 대구역에서 도보로 10분 정도의 거리다. 좁은 골목길 한편엔 하얀 페인트 칠이 군데군데 벗겨진 벽이 있고, 반대편은 넝쿨로 가득한 벽이 이어져 있다. 정성스럽게 가꾼 화분들이 문 앞에 놓여 있고, 꽤나 오래 쓴 폐가구들이 방치되어 있다. 그리고 몇 걸음 더 걸어갔을 때 등장한 여인숙들, 안동여인숙, 대구여인숙…

大
邱

大
邱

기차역을 중심으로 사람이 모이고, 하나둘 사람이 모이면 집이, 그 후엔 골목이 생겨난다. 경부철도 대구역은 1905년 1월 1일에 문을 열었고, 지나온 시간만큼 많은 이야기가 골목 안에 있다.

첫 번째 골목에서 발견한 하나같이 낡고 오래된 여인숙에는 "달셋방 있습니다."라고 쓰인 안내판이 붙여져 있다. 여인숙은 일반적으로 여행객들이 묵는 호텔 같은 곳이 아니다. 벌이가 적거나 일정하지 않는 사람들을 위해 존재하는 곳이다. 하루나 이틀 잠깐 머무는 이들이 아닌 기약 없이 한 달, 두 달 이상 사는 집으로 이용되는 곳이다. 한 여인숙에는 빛바랜 종이에 쓰인 "외부인 출입 금지"라는 문구가 붙어 있다. 그 안내장 너머엔 오래된 냉장고가 있었고, 노란 테이프를 덕지덕지 붙인 창호지 문이 보인다. 창호지 문은 싸늘한 공기가 그대로 통과할 수 있을 정도로 허술했지만, 자물쇠만큼 단단히 채워져 있다. 외지 사람을 위한 숙소에 "외부인 출입 금지"라는 글이 모순되게 보이지만, 일주일이 한 달이 되고, 또 반년 되어 그 방에 자리 잡게 된 숙박객, 아니 그 방의 주인을 생각하면 "외부인 출입 금지"라는 문구는 또 다른 의미가 된다. 아마도 이 말에는 '배려'가 담겨 있을 것이다. 어쩔 수 없는 이유로 오래 머물게 된 어떤 이의 남루한 일상을, 우연찮게 이 골목에 들어와 스쳐 지나가는 이로부터 지켜주기 위한 배려 말이다.

여인숙 골목이 대구역에서 도착한 이들의 잠잘 곳을 책임졌다면, 그 옆엔 이들의 먹거리와 일거리를 제공한 골목도 분명 있을 것이다. 골목을 빠져나오자마자 시장이 보였다. 대구역 주변에는 시장이 많다. 칠성

大
邱

시장과 경명시장, 대성시장, 칠성꽃시장, 대구청과시장, 삼성시장, 북문시장, 능금시장, 가구시장 등 여러 개의 시장으로 이루어진 대규모 종합시장이 있다. 흔히 아홉 개 시장을 합쳐 칠성시장이라고 부른다. 대구를 대표하는 시장이지만, 처음 방문했을 땐 무척이나 한산했다. 밤낮 할 거 없이 사람으로 북적인다는 말은 이제 옛말이 되어버렸다. 칠성시장 주변의 골목들도 시장의 흥망성쇠와 같이한다. 물건과 사람들로 가득 찼을 골목의 지금은 쓸쓸하며 슬프기까지 하다.

시장을 둘러보는데 한 가게가 눈에 들어왔다. 8킬로그램 정도의 수박들이 양쪽으로 가게를 채우고 있다. 수박들이 규칙적으로 모여 4층에서 6층 정도 양쪽으로 탑을 이루었다. 수박 탑 가운데 한 상인이 한가로운 듯 휴대폰을 만지작거리고 있었다. 상인은 32년간 능금시장에서 일했다고 한다. 예전 선배 상인에게 들은 시장의 시작과 자신이 보고 있는 끝에 다다른 오늘의 시장을 우리에게 이야기해줬다.

"한국전쟁이 끝나고 촌에서 농사지은 걸 바구니에 지고 아주머니들이 시장에 들어왔어요. 그 당시엔 차도 없었고 전부 구르마로요. 말 구르마로 오기도 하고."

칠성시장은 1946년에 개설됐다. 1945년 8월 14일 일제강점기가 끝난 다음 해다. 당시 미국과 소련이 우리나라를 두고 치열하게 대립하고 있었고, 이념과 사상으로 시대는 혼란스러웠다. 그리고 그것과 상관없이 농민들은 먹고살기 위해서 소나 말수레에 수확한 농작물을 싣고 칠성시장(당시 북문시장)으로 왔다.

몇 시에 출근하냐는 사진작가 제이슨 틸의 질문에 상인은 새벽 네 시

에 출근한다면서 말을 이어갔다.

"5, 6년 전만 해도 잠깐이라도 앉아서 쉴 시간이 없을 정도로 바빴어요. 지금은 경기가 좋지 않으니 앉아서 노는 시간이 너무 많아요. 새벽에 나오면 사람이 없어요."

사진작가 제이슨 틸이 찍은 시장 사진에는 손님을 기다리는 상인의 모습이 많이 담겼다. 자기 키만큼 쌓아 놓은 과일 상자 옆에서 가게 밖을 바라보는 상인들, 의자에 눕다시피 몸을 기대어 시계를 보는 상인들… 수박 상인은 지금도 새벽 네 시에 출근해서 저녁 여섯 시에 퇴근한다. 칠성시장의 상인 대부분도 마찬가지다. 해가 뜰 때부터 질 때까지 일하는 상인들에겐 하루의 고단함을 다독일 수 있는 공간이 상회에 필요할 것이다. 각종 식기와 냉장고, 베개와 이불이 보인다. 집의 모습과 똑 닮은 상회, 그들에게 상회는 일터인 동시에 집인 셈이다. 그리고 칠성시장은 상인들이 모여 살고 그들의 삶의 이야기가 담긴 하나의 마을인 셈이다.

"밖에서 찍지 말고 안에 들어가 봐."

시장 주변 낡은 건물을 찍고 있던 차였다. 촬영하는 도중 리어카를 끌고 가는 한 남자가 말을 건넸다.

사전 답사 때 발견한 이 건물은 마치 1980년대 홍콩 느와르 영화에나 나올 법한 모습이었다. 노란색 벽은 녹물이 흘러내린 흔적이 상처마냥 새겨져 있고, 그 녹물 자국만큼 많은 수의 전선이 벽과 벽을 가로지르고 있었다. 이 건물의 이름은 '칠성상가아파트'이다. 사전 답사 때 그저 재개발만 기다리는 여느 건물과 다름없는 아파트라고 생각하고 지나쳤던 곳이다.

남자 말대로 아파트 안으로 들어갔고, 길고 긴 오르막 복도를 올라갔다. 그리고 지금까지 보지 못한 아파트를 발견했다. ㅁ 자 형태의 아파트는 어두운 느낌의 외관과 달리 안은 하늘이 열려 있어 햇빛이 복도를 환하게 비췄다. 복도 중앙에는 정원이 있었다. 여기에는 각 세대에서 가꾸는 화분들이 놓여 있어 말 그대로 푸르른 정원이 아파트 복도에 있었다.

칠성상가아파트는 1970년대에 지은 주상복합아파트다. 1층에는 상가가 들어서 있고, 그 위로는 당시로서는 최신식 아파트였다. 관련 자료를 찾아보니 이 건물의 특징은 중정(中庭)이 있다는 것이다. 중정은 집 안의 건물과 건물 사이에 있는 마당을 말한다. 공동체가 살아있었던 그 시절, 골목은 공유 공간으로 마을 주민들은 그곳에서 관계를 맺고 이어 갔다. 삼삼오오 모여 고추를 말린다든지, 수박을 먹는다든지 하면서 말이다. 그때의 골목은 지나다니는 통로 이상의 의미, 즉 커뮤니티 공간이었다.

칠성상가아파트의 중정은 건물에 과거 골목의 의미인 커뮤니티 장소를 마련한 셈이다.

헬리캠 촬영 감독과 상의해 FPV* 드론을 띄우기로 했다. 시장 주변에서 아파트로 날아와 옥상을 보여주고 열린 천장을 통해 복도로 들어와 다시 건물을 보여주는 컷을 찍고 싶었다. 낡은 외관에서 건물의 역사성과 건물 내부 중정의 모습에서 골목의 존재 이유를 한 컷에 함께 담고 싶었다. 우리는 몇 번의 시도 끝에 성공했다.

칠성종합시장에 가게 되면 꼭 주변 골목을 둘러보라고 추천하고 싶다. 방송에 담지 못한 여러 골목이 많다. 골목이 보이면 꼭 들어가서 예상치 못한 풍경과 이야기와 건축물을 만나보게 될 것이다.

大
邱

FPV First Person View 영상 송수신 장치를 통해 사용자가 해당 장소에 가지 않아도 현장에 있는 듯한 느낌이 들도록 일인칭 시점을 표현하는 방식으로, 주로 무선조종자동차RC car, 드론 등에 사용한다.

대구 ──── 칠성시장로

소리로 기억되는 골목, 인쇄 골목

어린 시절 우리가 누렸던 골목을 생각하면, 나름의 소리가 떠오른다. 모퉁이 한쪽에서 꽃처럼 피어나는 아이들의 웃음소리와 그에 맞춰 벽돌집 2층에서 밥 먹으라 채근하는 어머니의 목소리, 좁은 길 한편에 자리 잡고 각종 채소를 사라고 확성기에서 반복적으로 울려 나오는 소리 등 특별하진 않았지만, 지금은 듣기 힘든 소리이기에 아련함이 있었다.

예전 골목에서 났던 그런 정겨운 소리를 담고 싶었다. 하지만 요즘의 골목은 시끌벅적하기보다는 고요하고 적막했다. 그래서인지 유달리 소리로 가득 찬 대구의 인쇄 골목은 참 반가웠다.

대구 남산동에 자리한 인쇄 골목은 남문네거리부터 계산오거리까지 700미터 남짓한 짧은 거리다. 이 짧은 거리에서 책이며, 가게 홍보물, 수첩, 달력, 참고서 등 웬만한 인쇄 작업은 모두 해결할 수 있다고 한다. 요즘은 인쇄라는 말보다 컴퓨터에서 버튼 하나로 해결되는 '프린트'라는 말이 더 익숙하다. 책에 어울리는 종이를 선택하고, 크기에 맞춰 재단하고, 글자와 그림을 찍어내고, 그걸 다시 제본해서 엮는 과정을 떠올리는 건 쉽지 않다. 하지만 이 까다롭고 복잡하며 정교한 과정이 일어난다는 것을 인쇄 골목에서 한눈에 알 수 있었다.

골목에 들어서면 기계 소리가 들린다. '철컥철컥' 반복되는 기계음과 '스르륵' 롤러에 종이가 지나가는 소리, '찹찹' 하며 한 장씩 종이가 넘겨지는 소리 등 여러 소리가 겹쳐 들린다. 비슷한 소리라도 자세히 들어보면 일정한 소리의 크기도 다르다. 어느 집은 '철컥'이 '철컥'이 아니라 '철커덕'처럼 좀 더 육중하고 반복되는 소리의 간격이 다르기도 하다. 또 다른 인쇄소의 '찹찹'이 '찹…찹…찹…'과 같이 여유롭다면, 그 반대편 집은 쉴 새 없이 찹찹거린다. 언뜻 시끄럽기만 한 이 소리는 이 골목에서 합쳐져 조화를 이루고, 이 골목을 특별하게 만들어주고 있었다.

기계라는 것이 본디 규칙성을 담보하는 것처럼 이곳의 소리는 규칙적으로 난다. 갑자기 빨라지거나 느려지거나 하지 않았다. 애초에 만들어진 속도를 어김없이 지키고 있었고, 그 소리는 신뢰감을 주었다.

사진작가 제임슨 틸이 골목 한구석에 방치된 인쇄 기계를 발견했다. 수리를 맡기려고 잠시 내놓은 것인지, 고장 나서 버린 건지는 알 수 없었다. 원래대로라면 붙어 있어야 할 덮판이 떨어져 있었다. 덕분에 인쇄 기계를 움직인 각종 부품과 선들을 자세히 살펴볼 수 있게 됐다. 이 부품이 정확히 어떤 역할을 하는지는 알 수 없지만, 각 부품이 서로 유기적으로 물려 있는 건 확실했다.

'여기서 하나만 없어도 멈추겠구나.'

남산동 인쇄 골목엔 1930년대부터 몇몇 인쇄소가 있었다고 한다. 당

大
邱

대구 ──── 재마루길

大
邱

시엔 대구의 중심가인 동성로에 인쇄업체들이 몰려 있었다. 그러다가 동성로가 번화가가 되면서 땅값이 많이 오르자 동성로에서 멀리 떨어지지 않은 이곳 남산동으로 인쇄 관련 상점들이 몰렸다. 인쇄업은 도시의 경제 상황에 크게 영향받는다고 했다. 경기가 좋으면 팔아야 할 것도 많아지고 알려야 할 것도 많으니, 말 그대로 24시간 기계가 쉬지 않고 돌아갔다고 한다. 인쇄업자 한 분이 돈벌이가 쏠쏠한 일거리는 가게 홍보용 전단이라고 귀띔해 줬다. 요즘에는 그 일이 잘 없다는 말은 하지 않았지만, 알 수 있었다.

이곳에서 이뤄지는 인쇄는 종이에 한정하지 않는다. 작은 수첩부터 라이터, 상패 등 기념품이나 판촉물에서도 이뤄진다. 기념품 인쇄를 담당하는 가게에 들어서니 각종 물품이 벽 두 면을 가득 채우고 있다. '○○주점, 98회 동창회 기념, 달서구배 조기축구회'와 같은 글자들이 물건 작은 면에 찍혀 있다. 아주 오래전 기억에 남아 있는 인쇄물이다. '요즘도 이런 것들을 나눠 주나?' 하는 생각이 들었지만, 행여 표정에 드러날까 얼른 지웠다. 뭐든지 디지털화하는 세상에 인쇄라는 단어는 왠지 인기 없는 골동품처럼 서글프기만 하다. 여타 다른 골목들이 거대 자본에 밀려 사라지는 것처럼 이곳은 디지털에 밀려 점점 작아지고 있다. 인쇄 골목을 걷다 보면 가게 앞에 커다란 마대에 제본하고 남은 종이가 쌓여 있는데, 그 풍경이 서글픈 마음을 다독인다.

"족보는 디지털화해도 한 권 이상은 찍어내지."

족보 인쇄사 대보사 사장님께서 우리에게 말했다. 박 사장님은 1972

년부터 할아버지, 아버지에 이어 3대째 족보 인쇄를 전문으로 해 오고 있다. 가게 안은 마치 옛날 책을 모아 놓은 도서관 같다. 대구에 있는 모든 집안의 족보가 여기에 있는 게 아닐까 할 정도로 어마어마한 양이다. 지금까지 발간해 온 족보들을 보관하고 있다고 했다. 사실 나는 우리 집 족보도 실제로 본 적이 없다. 분명 아버지가 있다고 하셨지만, 어디에 있는지 굳이 묻지 않았다. 그런데 남의 집안 족보를 본인 집안 자랑처럼 촬영팀에게 펼쳐 보였다. '이 족보가 한 집안의 역사'라는 뻔한 말이 족보 인쇄업을 3대째 이어받은 그가 이야기하니 무게감이 다르게 느껴졌다. 대보사에서는 디지털 족보도 제작한다. 그렇지만 족보와 같이 역사가 있는 어떤 것들은 이렇게 인쇄하는 게 옳은 것 같다는 생각이 들었다.

인쇄 골목에서 들은 마지막 소리는 70년 된 소리다. 대구에 하나뿐이라는 오래된 인쇄 기계는 경신인쇄소라는 곳에 있다. 일터가 아닌 박물관에 고이 모셔놓는 게 더 어울릴 법하다. 실제로 작동하는 모습을 보면, 이건 전차의 일부가 아닐까 하는 착각마저 들었다. 글자를 찍는 게 아니라 쏘고 있다. 최신 기계의 날렵한 소리가 아닌 시작부터 요란하고 우렁차다. 덮개도 없어 소리가 고스란히 전달된다. 육중한 기계의 겉모습과 달리 이 기계는 한지와 같은 아주 얇은 종이에도 인쇄할 수 있는데, 촬영을 진행하고 있을 땐 한지에 팔만대장경 중 하나인 법화경을 인쇄하고 있었다.

"매일 아침 기계를 작동하기 위해서 저희가 기름을 줍니다. 점심시간 지나고 또 기름, 하루에 두 번 정도 기름을 주며 작업하기 때문에 웬만해

大
邱

선 작동하는 데 문제없습니다."

40년 전부터 이 기계를 움직이는 인쇄소 사장님의 말이다. 오래된 기계를 작동하는 건 수고로운 일이다. 커다란 인쇄용 판을 넣고 나사를 조이고 풀어 인쇄되는 간격을 일일이 조절해야 한다. 수작업이 아닌 일이 없다. 사장님과 부인이 함께 움직이는데, 인쇄 기계까지 두 사람과 한 몸처럼 느껴졌다. 이들이 만들어내는 소리가 너무나 인상 깊어 휴대폰에 녹음했다. 이 소리를 오랫동안 듣고 싶었다.

대구 ——— 재마루길

진골목을 지키는 소아과 의사와
미도다방 정 여사

어린 시절 살았던 골목을 찾고 싶었다. 팍팍한 현실 탓인지 아파트 단지가 차갑게만 느껴졌기 때문에 시간을 내 골목을 찾았지만, 예전 같지 않다. 하굣길 매번 들렀던 슈퍼마켓은 사라지고 깔끔한 편의점이 자리 잡았다. 동네 미용실은 운 좋게 같은 자리에 있었지만, 기분 좋은 수다 소리는 들리지 않는다. 부잣집이 분명했던 벽돌집은 이제는 낡아 금이 간 곳이 군데군데다. 분명 같은 골목인데, 어린 시절 기억의 그곳은 없다. 실망하고 돌아가려는 찰나 어떤 이가 인사를 건넨다.

"오랜만이다."

실망했던 오늘날의 골목은 그 한마디에 이내 따뜻했던 옛 골목으로 돌아간다. 대구 진골목에서 그런 골목 친구 같은 두 사람을 만났다.

진골목은 동성로에 있다. 동성로는 대구에서 상권이 가장 발달한 곳이다. 상권을 따라 젊은 사람들도 많이 찾는다. 덕분에 해마다 화려하고 트렌디한 골목들이 생겨나고 있다. 동성로에서 10분 정도 걸어 중앙대로를 넘어가면 번화가와 다른 풍경을 보게 된다. 커피숍 대신 백반집이

154

大
邱

거리의 주류가 되고, 젊은 사람들 대신 은은한 한약 냄새가 거리를 채운다. 달라진 풍경을 따라 걷다 보면 큰길을 두고 양쪽으로 한옥이 보이는데, 그곳이 바로 진골목이다. 대구에서 가장 유명한 골목 중 하나다.

대구에는 근대사를 간직한 골목이 많은데 대구시 중구청에서 이를 엮어 관광 상품으로 개발했다. 진골목은 다섯 개의 근대 골목 코스 중 제2코스에 속한다. 진골목은 '긴 골목'을 의미하는데, '길다'의 경상도식 발음이 '질다'이다. 이름과는 다르게 골목의 길이는 100미터 정도로 짧다. 그리고 그 길에는 약 100년의 역사가 담겨 있다. 일제강점기 때 대구에서 알아주던 부자들이 진골목에 살았다고 한다. 당시 대구 최고의 부자였던 서병국은 이곳에 1,000평이 넘는 대저택을 짓고 살았다. 해방 이후 부자들은 진골목을 떠났고, 그들이 살았던 집은 쪼개어져 요정과 술집으로 바뀌었다. 1970년대에는 5백여 명의 기생이 진골목에서 일했다고 한다.

진골목을 걷다 보면 멋진 마당이 있는 집을 발견하게 되는데, 보통은 철문과 오래된 벽 그리고 철조망에 가려져 있다. '정소아과의원'이라는 간판이 달린 이층집, 1937년도에 지어진 유럽 스타일의 일본식 건축물이다. 대구에서 개인이 소유한 최초의 서양식 이층 건물이기도 하다. 정진오 의사가 현재 주인이다. 이전에 그의 아버지가 소유했고, 그의 아버지 역시 의사였다. 1층은 가정집이며, 2층은 소아청소년과 진료실이다. 현관을 지나면 2층으로 올라가면 계단이 바로 보인다. 바닥과 난간 손잡이는 갈색 나무로 만들어졌는데, 만져 보면 흠집 하나 찾기 어렵게 반들

大
邱

반들하다. 솜씨 좋은 이가 마감처리를 했고, 이후 정성스럽게 관리한 것을 알 수 있었다. 계단을 다 오르면 큰 창문이 보이는데, 그 너머로 아름드리나무가 눈에 들어온다. 진료실에는 여러 장비가 있었고, 대부분 오래된 것이다. 진료실 바닥 역시 반들반들한 갈색 나무다. 병원 특유의 날렵함은 없었지만 따뜻했다.

"몇몇 기구 외에는 다 옛날 거예요. 아버지가 소아과 의사니까 저도 의사가 돼서 소아과를 했고요."

진료 보는 자리에서 인터뷰를 진행했는데, 정진오 의사가 쓰는 책상은 아버지 때부터 써 온 것이라고 한다. 과거 아버지가 진료를 봤던 자리 그대로 그의 아이도 아이들을 살피고 있다.

"1947년에 아버지께서 구입해서 병원을 차리셨고, 저는 1948년에 태어났어요. 이 집에서 태어나서 살다가 대학을 다니고 군대도 갔죠. 그 후에 저는 소아과 개업을 다른 데서 했어요. 여기는 마지막으로, 종착역으로 온 겁니다. 옛 추억에 살고 있고요."

정소아과의원 1층에는 그 추억들이 고스란히 남아 있다. 좁은 복도를 지나면 양옆으로 볕이 잘 드는 거실과 주방이 있다. 오래된 5인용 갈색 소파, 벽시계, 도자기 병, 가족사진 등 옛날 물건들이 예전 자리 그대로 지키고 있다. 거실을 지나면 안방이 나오는데, 부모님 방이라고 했다. 멋진 자개장롱과 서적들이 선반에 놓여 있고 흑백 가족사진이 걸려 있다.

"지금 여기엔 애들이 없어요. 이제는 환자 보는 일에서 거의 손을 놓았기 때문에 소일거리로 어른들 봐주고… 이 집은 대구에서 양옥집 1호이니까, 저는 물론 제 자손에게도 팔지 말라고 훈령을 내렸는데, 그건 후세

大
邱

가 어떻게 할진 모르겠어요."

아버지 정필수 원장은 60년이 넘는 세월 동안 소아청소년과를 운영했다. 그리고 2010년 무렵 건강상의 이유로 문을 닫았다. 정진오 의사는 돌고 돌아 결국 진골목으로 돌아왔다. 아들 정진오 의사는 정소아과 건물이 대구 근대사에서 건축학적으로 유의미한 가치의 건물임에 자부심이 있다. 동시에 건물에 덧입혀진 가족의 역사에 한없는 애정이 있다.

한산한 진골목이지만 유달리 시끌벅적한 소리가 새어 나오는 곳이 있다. 바로 미도다방이다. 가게 안으로 들어가면 제법 큰 규모와 더불어 멋지게 잘 차려입은 노년의 신사들이 삼삼오오 모여 있는 모습이 인상적이다. 미도다방은 '아름다운 도시美都' 속의 다방이라는 뜻인데, 1982년도부터 운영되고 있다. 메뉴는 쌍화차인데, 주문하면 전병과 같이 나온다. 쌍화차는 인근 약전골목에서 약재를 직접 사서 만든다고 한다. 달지 않은 전병과 쌍화차가 제법 잘 어울렸다. 테이블마다 모여 있는 손님들 사이로 곱게 차려입은 분이 보이는데, 미도다방의 주인 정인숙 씨다. 손님들에게는 '정 여사'라 불린다.

"진골목 미도다방에 가면
　가슴에 훈장을 단 노인들이
　저마다 보따리를 풀어놓고
　차 한 잔 값의 추억을 판다

가끔 정 여사도 끼어들지만

그들은 그들끼리 주고받으면서

한 시대의 시간 벌이를 하고 있다"

– 전상열 시인의 〈미도다방〉 중에서

　미도다방은 대구·경북 지역의 문인, 예술가, 유림이 모이는 곳이었다. 정인숙 사장은 스물일곱 살 때 미도다방의 주인이 돼 일흔한 살이 된 오늘날까지 손님들을 맞이해 오고 있다. 흐트러짐 없는 자세로 오는 손님을 자리로 안내했고, 이따금 테이블에 앉아 대화에 참여하고, 그러다가도 가는 손님이 보이면 침착하게 일어나 정답게 배웅했다. 테이블을 옮겨 가며 손님들과 이야기를 나누었는데, 어느 자리든 어색함이 없었다.

　"제가 오래 하다 보니까 손님들이 매일 오시거든요. 우리는 손님보다는 가족이에요. 우리 집에는 모두 훌륭한 분들이 오세요. 각계각층에서 다양한 분들이 오시거든요."

　모든 손님을 다 알고 있냐는 질문에 주저 없이 그렇다고 답했다. 그리고 미도다방을 찾아오는 손님을 치켜세운다. 미도다방에는 그림이며, 서예 작품, 병풍, 골동품 등이 가득 차 있다. 액자 크기가 서로 다르고, 걸어 놓은 것도 두서없는데, 이유는 따로 있다. 작품 전부가 손님들이 기증한 것이라 그렇다. 자신이 직접 그리거나 쓴 작품들을, 혹은 집에 보관하고 있던 것들을 여기에 둔 것이다. 이곳에 두면 혼자가 아닌 친구와 혹은 정인숙 사장과 함께 볼 것이니, 이편이 더 좋을 것이다. 정인숙 사장을 신뢰하고 미도다방이 편해서일 것이다.

大
邱

"요즘 우리는 핵가족화 때문에 다 고독해요. 저도 그분들을 위해서 최선을 다하고, 가족같이 아버지 같고, 오라버니 같고, 언니 같고, 이런 기분으로 맞이하니까, 그분들도 오시면 굉장히 행복해하세요. 물론 저도 행복하고."

카페 키오스크 앞에 선 노인을 본 적이 있다. 온통 영어에, 화면 가득 찬 선택 창에 길을 잃은 그분은 잠시 화면을 보다 돌아갔다. 미도다방에서 노인분들의 당당한 목소리와 활기찬 표정을 보면서 그때 그 노인이 떠올랐다. 그 시대 그곳에서 활약한 주인공들은 시간이 흐르면서 퇴장하기 마련이다. 시대가 바뀌면 공간도 바뀌기 때문이다. 미도다방은 한 시대의 주인공이었던 분들을 위해 정인숙 사장이 지켜온 공간이다. 변하지 않는 아지트이다.

大
邱

전자 골목에 대한 추억

고등학교 시절 친구가 가진 MD플레이어, MP플레이어가 부러워 처음 전자 골목을 찾았다. 가게 앞에 전시된 CCTV나 무전기는 2000년 고등학생의 눈에는 최첨단 첩보 장비처럼 보였다. 저 장비를 갖고 있다는 상상만으로도 흥분됐다. 컴퓨터를 파는 상점들도 골목 한 줄을 차지하고 있었는데, 차마 들어가진 못했다. 고가의 장비가 저렇게 많이 있다는 것 자체에 경외심이 들었다. 용기를 내 겨우 MP 플레이어를 사러 상점에 들어갔다. CD가 필요 없고, 건전지도 필요 없고, 이틀을 계속 틀어도 꺼지지 않는다는 말을 들었는데, 지금은 백과사전 설명 같은 하나 마나 한 정보들이 당시에는 이해할 수 없는 기술의 진보 같았다. 확실히 이해할 수 있는 건 가격이었는데, 그래서 사지 못했다. 전자 골목을 다시 찾은 건 AI가 곡을 추천해 주는 2020년이었다.

전자 골목은 대구 중구 교동시장 안에 있는 여러 골목 중 하나인데, 전기, 전자, 컴퓨터, 가전제품 등 각종 업종이 밀집해 있다. 서울에 용산 전자상가가 있다면 대구에는 교동 전자 골목이 있다는 말처럼, 과거 대구

大
邱

시민들이 세탁기, 밥솥, 컴퓨터 등 각종 가전제품을 구입하기 위해 자주 찾는 골목이었다. 촬영을 위해 다시 찾은 전자 골목은 내 기억 속 20년 전 모습 그대로였다. 길 하나 두고 양옆으로 상점들이 늘어서 있는데, 창문 너머로 어떤 제품을 취급하는지 쉽게 알 수 있다. 2000년대에 팔았던 제품들을 여전히 전시하고 있는 상점도 있었다. 가게 간판 역시 오래전부터 써 왔던 그대로인데, 지금 보니 어딘가 어색했다. 'ㅇㅇ전자'라는 상호가 대부분이었고, 상호 위로는 '칼라TV', '냉장고'와 같이 팔고 있는 제품 종류와 '밧데리, 아답타, 도란스' 등 부품 종류가 있다. '냉장고'라는 말 앞에는 '비스포크'니, '양문형'이니 하는 몇 글자가 더 붙어야 할 것 같고, '칼라(컬러), 밧데리(배터리), 아답타(어댑터), 도란스(트랜스)'와 같이 표기법에 어긋난 말은 구수했다. '칼라TV'는 분명 맞는 말인데, '칼라'라는 말이 너무나 오래된 말이라 프리즘, 네오, QLED와 같은 새로운 어떤 기술이 아닐까 하는 착각마저 든다.

우리나라에서 컬러텔리비전 방송이 본격적으로 시행된 시기는 1981년 1월 1일이다. 교동 전자 골목의 전성기 역시 이 무렵이다. 1970년대에 일본에서 암암리에 들어온 전기밥솥이 주력 상품이었다면, 1980년대 들어서는 좀 더 다양한 가전제품을 팔기 시작했다. 88서울올림픽을 계기로 가전제품 보급률이 큰 폭으로 증가했기 때문이다. 컬러텔레비전은 1980년 가구당 0.03대에서 1989년 1.04대로, 냉장고도 1980년 0.58대에서 1989년 1.03대로 증가했다. 집마다 텔레비전 하나, 냉장고 하나 있던 시대는 1989년부터였다. 덩달아 교동 전자 골목도 바빠졌다. 교동 전자 골목에 가면 없는 가전기기가 없다는 말이 나올 정도였다고 한다. 당시

약 400개의 매장이 있었다.

교동 전자 골목의 시작은 좀 더 거슬러 올라간다. 교동시장이라는 이름으로 1956년에 정식 등록이 이뤄졌지만, 그 이전에도 시장은 존재했다. 한국전쟁 당시 대구역에는 미 군수품 보급 창고와 PX※가 있었다고 한다. 교동 일대에는 피란민들의 집단 거주지도 있었다. 미군 부대 내 PX에서 각종 군수용품과 생활용품이 쏟아져 나왔는데, 이 물품들이 시장 상인들의 주요 거래품이었다. 당시엔 양키시장, 도깨비시장이라고 불렸다. 군수용품 중에는 미군들이 쓰는 라디오나 무전기도 있었는데, 이것이 교동 전자 골목의 시작이다.

전자 골목을 걷다 보면 '한국전자회로연구소'라는 의미심장한 간판이 달린 상점을 볼 수 있는데, 30년 전 이 골목에 들어온 최일구 씨가 주인이다. 와인색 체크무늬 셔츠 위로 회갈색 재킷에 미국 야구 모자를 쓰고 있다. 작업대 뒤로 큰 선반이 있는데, 한쪽은 전기 전자 관련 기술 책이고, 다른 한쪽은 LP판으로 가득 차 있다. 책과 LP판 모두 빛바랬다. 작업대의 기계 역시 마찬가지지만 먼지가 쌓여 있진 않았다. 잠시 작업하는 모습을 볼 수 있었는데, 기계의 성능과 상관없이 손놀림은 매우 분명했다.

PX post exchange 군매점

大
邱

"저는 전자회로기판 디자인과 수리를 위주로 하고 있습니다. 군 시절 통신 기술자였습니다. 그때부터 기술을 습득해서 지금까지 해 오고 있습니다."

선반 한편에 군 복무 시절 찍은 사진이 있는데, 사진 속 남자는 젊고 다부졌다. 최일구 사장은 캐나다 사진작가의 물음에 중간중간 영어를 섞어 가며 답했다. 미8군 부대에서 일했다고 한다. 그 후 전자 관련 경력만 52년이라고 한다. 근래에 수리를 맡기로 오는 이가 있냐는 물음에 간혹 있다고 답했다. 1980년대부터 1990년대에 들어왔던 일본의 전자 기기들을 여전히 사용하는 공장들이 있고, 그쪽에서 수리 요청을 한다고 전했다. 머지않아 그 공장들 또한 기계를 바꿀 것이라 말했다. 아마도 기계의 남은 수명만큼만 최일구 사장은 전자 골목에 남아 있을 것이다.

가정용 PC가 보급되기 시작한 1990년대가 교동 전자 골목의 마지막 전성기였다. 당시 삼성, 대우, 삼보와 같은 대기업의 기성품 PC는 200만 원에서 300만 원을 호가하는 엄청난 고가였다. 그 대안이 조립 PC였고, 상대적으로 저렴한 가격으로 전자 골목에서 컴퓨터를 조립해 줬다. 요즘에야 그게 뭐 대수겠냐마는 당시엔 윈도 OS를 설치하는 것도 하나의 기술이었던 시대였다.

2000년대에 들어서면서 전자 골목은 점점 활기를 잃어 갔다. 오프라인보다 가격이 저렴한 온라인 쇼핑이 늘었고, 대기업의 전문 애프터서비스 센터가 등장했다. 카세트도 팔고 CD플레이어도 팔고, MP3도 팔았지만, 스마트폰이 등장하면서 그것들은 더 이상 팔지 못하는 제품이 되었다. 교동 전자 골목 끝으로 갈수록 문 닫힌 가게들이 점차 늘어 갔다. 푸른 셔터가 군데군데 닫혀 있었는데, 하나같이 녹슬어 있었다. 상호가 찢긴 채로 방치된 간판도 보였다. 녹슨 문과 찢긴 간판은 기술로 고칠 수 있는 건 아니었다.

'품질과 신뢰, 정성과 약속'이라는 말과 '50년'이 함께 적힌 판을 발견했다. 이 판이 어떤 가게를 알리는지, 전자 골목 전체를 알리는 건지는 알 수 없지만, 60년이라는 새로운 숫자로 교체하고 싶었다.

大邱

대구 ──── 교동

大
邱

사라지는 골목, 복현동 피란민촌

대구에는 골목이 많다. 먼저 대구시와 중구가 근대사를 중심으로 복원한 근대골목이 있다. 찜갈비 골목, 평화시장 닭똥집 골목, 안지랑 곱창 골목 등과 같이 지역을 대표하는 음식명이 붙은 골목도 있다. 약전 골목, 미싱 골목, 양말 골목처럼 한때 대구를 먹여 살린 산업이 떠오르는 골목도 있다. 여기에 포비든 앨리 다큐멘터리에 등장한 '인쇄 골목', '여관 골목', '전자 골목'도 있다. 유명 골목이었지만 지금은 사라진 골목도 있다. 서문시장 인근 동산동 타월 골목과 봉산동 가구 골목은 2013년도 대구시 중구 지정 명물 골목에서 지정 해제되었다.

다큐멘터리를 촬영하기 전에 여러 골목을 답사했다. 찾아간 골목 대부분이 쇠퇴하고 있었다. 인스타그램에서 '좋아요' 하트를 받은 사진 속 골목이 막상 찾아가니 재개발 지역인 곳도 있고, 재개발 지역 곳곳에 붉은색 래커로 'X' 자 표시가 되어 오면 안 되는 곳임을 주장하고 있었다. 골목이 변했거나 그 안에 담긴 이야기가 달라진 건 아니다. 단지 시대가 바뀌었을 뿐이지만, 그렇게 골목은 사라지고 있었다.

"요새는 자꾸 발달되어서 집을 많이 짓고, 빌딩을 많이 짓고… 집이 많다 보니까 좋은 집으로 자꾸 사람이 가버리고, 여기는 이제 나이 많은 우리 같은 사람만 있는 기라."

복현동에서 만난 할아버지가 말했다. 이곳은 한때 피란민촌이었다. 한국전쟁 당시 많은 사람이 낙동강 전선 이남으로 피란을 왔고, 그들이 모여 마을이 형성되었다. 당시 대구에는 30여만 명이 살고 있었는데, 약 40여만 명의 피란민이 유입됐다. 전쟁이 끝난 후에도 미처 돌아가지 못한 사람들은 임시로 지었던 집에서 계속 살아야 했다. 대구 칠성시장 주변에 피란민들이 지은 판자촌이 있었고, 동구 신암2동에도 그런 마을이 있었다. 한국전쟁 후 70년이 흐르고 피란촌에 터를 잡은 당시의 피란민들도 대부분 세상을 떠났다. 그리고 마을도 사라졌다.

복현동에서 피란민촌 지역을 찾는 건 어려운 일이었다. 도착하면 바로 경북대학교가 보이는데, 그 주변으로 신식 원룸 건물들이 빼곡히 들어섰다. '파밀리아, 펜시아, 로하스' 등 뜻 모를 이름들이 붙여진 건물 사이로 한참을 헤맨 후에야 도착한 '경대로서19길', 금이 간 콘크리트 벽이 연이어 등장했다. 벽을 따라 걷다 보면 공사장에서 가져온 철판을 덧붙여 보수한 집 옆으로 골목길이 나 있다. 피란민촌 골목은 미로 같았다. 길의 폭이 좁다가 넓어지고를 반복했다. 길 역시 반듯한 직선이 아니라 고불고불했고, 끝이 집으로 막혀 있는 경우가 많았다. 그래서 이 길이 어디로 이어지는지, 어디에서 끝이 나는지 알 수 없었다. 피란민촌의 전체 모습이 궁금해 헬리캠을 띄웠다. 슬레이트, 벽돌, 기와, 콘크리트 등 서로 다른 재료로 만든 지붕들이 정돈되지 않은 채 제멋대로 붙어 하나의

大
邱

대구 ——— 경진로남1길

큰 덩어리를 이루고 있었는데, 그 모습이 주변의 풍경과 너무나 동떨어져 하나의 섬 같았다.

대낮이었지만 사람 소리가 들리지 않았다. 좁은 지역에 여러 골목길이 있지만, 주거민을 찾기 힘들었다. 어느 집은 벽이 완전히 허물어져 폐가가 되었고, 또 어떤 집은 창문이 철판으로 막혔는데, 대문 너머 마당엔 비교적 멀쩡해 보이는 살림살이가 있었다. 간혹 집 앞 골목에 화분들이 있었는데, 그걸 통해 아직 사람이 살고 있음을 알 수 있었다. 이곳 주택들은 국공유지에 자리한 무허가 건축물이다. 그러니 기존 주민이 다른 지역으로 이주해도 주택을 매매할 수 없다. 집주인이 떠나거나 죽으면 그대로 폐가가 된다. 허름하고 부실한 집이지만, 피란민에게 안식처가 되어 준 피란촌의 집들은 이제 도시의 흉물 취급을 받고 있다. 그리고 이 지역은 점잖은 말로 '우범지역'이 됐다.

복현동 피란민촌 지역을 되살리려는 노력도 있었다. 골목길 초입에서 점점 안쪽으로 들어가면 파란색, 노란색, 핑크색 등으로 칠한 벽들을 볼 수 있는데, 조금이나마 개선해 보려는 노력이었을 것이다. 도시재생사업도 이뤄졌는데, 그 결과가 어땠는지는 골목에선 알 수 없었다.

복현동 피란민촌을 촬영하기 위해 총 세 차례 방문했다. 이곳 이야기를 들려줄 사람을 만나기 위해서였지만, 번번이 실패했다. 처음은 오후 다섯 시쯤 방문했는데, 여름이라 해가 길었지만 이미 골목길이 어두워 제 모습을 보기 힘들었다.

다음 날 이른 아침에 방문했고, 집 앞 낮은 테이블에 앉아 있는 할머니

大
邱

와 이야기를 나누었다. 귀가 어두운 탓에 제작진의 말은 전달되지 않았고, 빗물을 받아 화분에 물을 준다느니, 편지가 왔는데 읽을 수가 없다는 할머니의 말만 들었다.

마지막으로 오후 두 시쯤 방문했는데, 그때 골목에서 골프채로 공을 치고 있는 이정갑 할아버지를 만났다. 털이 다 빠진 테니스공을 한쪽으로 치고, 천천히 걸어가 다시 반대쪽으로 치는 것을 반복했다. 심심해서 다리 운동 삼아 공을 친다고 했다. 사람들이 많았던 옛 모습을 전해 들었고 이제는 없다는 말도 들었다. 골목길 앞 슈퍼마켓을 배경으로 사진을 찍었다. 할아버지가 운영했고, 이제는 창고로 사용한다고 한다. 분명 인물 사진인데 골목길을 찍은 풍경 사진 같았다.

"여기는 나이 많은 우리 같은 사람만 있는 기라."

할아버지의 말이 서글펐다.

大
邱

대구 ——— 경진로남1길

慶

경주 ————————

州

역사와 함께하는 무덤 옆 골목

경주는 이상한 도시다. 경주에서 걷다 보면 종종 시간 감각을 잃어버리게 될 때가 있다. 능 주변을 걷다 보면 유달리 이런 느낌이 든다. 유적과 가까운 탓일까. 멀고 먼 신라시대의 능이 현재의 내 시간에 존재하는 게 아니라, 내가 능의 시간대에 있는 것 같은 기분이 든다. 중국의 영화감독인 장루張律가 제작한 영화 〈경주〉에서 여주인공의 이런 대사가 있다.

"집 앞에 능이 있으니까 이상하지 않아요? 경주에서는 능을 보지 않고는 살기 힘들어요."

그녀의 말대로 경주에서 능의 존재감이란 건 정말 엄청나다. 크기도 크기일뿐더러 그 수도 많아 경주에서 능을 보지 않는 것이 오히려 어렵다. 영화 속 주인공의 방에선 창문을 열면 바로 능이 보인다. 이상한 일이지만, 동시에 이상하지 않았다. 경주라서 가능한 일이다.

경주노서리고분군에서 촬영을 시작했다. 원효로길을 따라가면 오른쪽으로는 월성초등학교를, 왼쪽으로는 고분을 볼 수 있는데, 경주라서

慶
州

慶
州

가능한 풍경이다. 길 하나 두고 신라시대 유적이라니, '여기 초등학생들은 신라가 무척 가깝게 느껴지겠구나.' 하는 생각이 든다. 노서리고분군에서는 일반 도심공원마냥 경주 시민들이 한가로운 시간을 보내고 있다. 유적 특유의 경이로움은 없다. 사실 노서리고분군은 경주 내 고분 중에서도 꽤 중요한 편인데, 국보로 지정된 금관총 금관이 이곳에서 발견됐다. 1912년 주택 공사를 하던 중 우연히 발견됐다고 한다. 1926년에도 금관이 발견됐고, 1946년엔 고구려 광개토대왕의 이름이 새겨진 청동 그릇이 발견됐다. 고분을 보면서 걷다 보면 수석 집이 하나 있는데, 그 옆으로 좁은 골목길이 있다. 태종로727번길이다. 차 한 대가 겨우 들어갈 수 있는 폭의 좁은 길이다. 그 길을 두고 한쪽에는 주택가가 형성되어 있다.

골목길을 따라가다 보면 길을 침범한 작은 고분이 보인다. 정확히 말하자면, 고분이 먼저 있었으니 길이 그 지점을 둘러 난 것이다. 마총이라 불리는 133호분이다. 1920년대에 일본인들이 조사할 때 말뼈와 말안장 조각이 나와 마총이라 부른다. 조사 당시 봉토가 이미 많이 훼손되어 원래 크기는 알 수 없다고 한다. 마총 옆에 모텔이 있는데, 이름이 노블레스 N이다. 고귀한 분 옆에 '고귀한 모텔'이라…. 고분의 주인을 생각하고 이름을 노블레스라고 지었을까? 아니면 그저 고급스러운 모텔 정도로 생각하고 이름을 붙였을까? 어찌 됐든 재미난 풍경이다. 잠들어 있는 귀한 분도 재미있어할지는 잘 모르겠다.

"뭐 하고 있어요?"

붉은 벽돌집 2층에서 한 주민이 창문에 기댄 채 말을 건넸다. 외국인 사진작가가 한적한 길에서 뭐라 뭐라 말하는 모습이 신기했나 보다. 다큐멘터리 촬영 중이라 답하고 짧은 대화를 나눴다.

"무덤 앞에 사는 게 무섭진 않으세요?"

외국인에게는 우리네 고분이 역사의 증거로 느껴지진 않을 거다. 죽은 사람이 묻힌 커다란 무덤 정도가 아닐까? 프랑스 몽마르트르 묘지* 옆에 어떤 프랑스인이 살고 있다면 나 역시도 같은 질문을 했을지도 모르겠다.

"안 무섭고 든든해요. 눈 뜨면 봉황 할배에게 기도하고, 없으면 섭섭할 것 같고, 너무 든든하고 좋아요. 지진 났을 때도 봉황 할배한테 살려 주라 매달렸어요."

외지인인 나로선 그녀가 말한 봉황 할배가 누구인지 모른다. 능의 주인 중 하나인지, 먼 조상을 말하는 건지, 신라 유물의 장식 중 하나인 상상 속 동물을 말하는 건지 알 수 없다. 다만, 주민은 애정 어린 눈으로 능을 바라보며 든든하다고 이야기했다. 주민은 26년을 집에서 능을 봤다. 2016년 우리나라에서 역대 가장 강력한 지진이 났을 때도 능은 한결같은 모습으로 그의 곁에 있었다. 2천 년이 넘는 시간 동안 무수한 사건을 겪었던 능에 진도 5.8의 지진은 큰 사건이 아닐 것이다. 능의 한결같음이 그리고 무덤덤함이 이곳 주민에게는 커다란 위안과 힘이 되었을 것이다.

몽마르트르 묘지 Cimetière de Montmartre는 프랑스 파리 18구에 자리하고 있는 묘지로, 파리의 3대 공동 묘지 중 하나이다. 에밀 졸라, 에드가르 드가, 스탕달 등 19세기와 20세기를 살다 간 많은 유명 인사가 잠들어 있는 곳이다. 각각의 무덤에는 묘지 주인의 개성과 삶을 보여주는 독특한 조각과 동상들로도 유명하다.

慶
州

1950년대 노서리고분군 사진을 보면 봉황대 바로 앞까지 가옥들이 들어서 있다. 경주 사람들에게 이 봉황대는 동네 뒷동산 같은 존재였다고 한다. 학교에 갈 때 봉황대를 둘러 가는 것이 아니라 위로 가로질러 갔다고 한다. 주민은 예쁘게 찍어 달라는 부탁과 함께 포도 착즙액을 2층에서 바구니에 줄을 매달아 우리에게 내려줬다. 사진작가가 길에서 그녀를 찍었다. 60대를 넘겼지만, 무척이나 어려 보였다. 할아버지 옆에 앉은 어린 손녀 같았다.

고분과 길 사이에는 낮은 난간만 존재한다. 길 중간에 입구가 있지만, 큰 의미는 없어 보인다. 주민들은 어려움 없이 오간다. 고분 사이로 난 길을 한 노인이 자전거를 타고 지나간다. 한쪽에선 아이와 엄마가 뛰어논다. 노서리고분군은 신라시대의 역사다. 그리고 고분의 역사는 그 시대에 멈춰 있지 않다. 경주 시민의 위로와 쉼터가 되는 현재가 고분의 역사에 담기고 있다.

무엇이 경주인가 ⑴ - 황리단길

　○○길은 브랜드가 됐다. 서울 망원동 망리단길, 이태원동 경리단길, 광주 동리단길, 부산의 해리단길…. 주소에서 한두 글자를 가져와 '길'을 붙여 만든 이 단어는 그 자체로 어떤 트렌디함을 의미한다. 그래서인지 도시를 검색하다 보면 이런 길이 어김없이 등장한다. 첫 번째였던 길이 의도하지 않은 흐름 속에서 태어났다면, 그 후의 길은 의도한 끝에 만들어진다. 앞서 성공한 길을 벤치마킹하고, 효과적인 관광 상품으로 만들려는 뚜렷한 목적이 있다. 경주도 예외일 수는 없는데, 바로 황리단길이다. 황리단길은 내남사거리에서 시작해 황남동 경주황남리고분군으로 이어지는 길이다. 길 초입부터 젊은 관광객들로 북적인다. 한옥과 오래된 건물에 일식, 양식 등의 레스토랑과 트렌디한 카페 그리고 언뜻 경주와 관계를 떠올리기 힘든 기념품을 파는 가게가 그 안을 채우고 있다. 한적한 여느 경주의 길과 달리 이 길만큼은 서울 어느 번화가 길 못지않게 사람들로 가득 차 있다.

慶
州

○○길의 매력은 기존의 오래된 골목 풍경에 새로운 것들이 더해진 독특한 조화에 있다. 그런데 여기엔 임계점이 있는데, 어느 순간 그 지점을 넘으면 사람들로부터 외면을 받는다. 과정은 이렇다. 입소문이 타면서 사람과 자본이 몰려들고 그래서 임대료가 오른다. 그 후 주거민들은 돈에 이끌려 나오고, 개성 넘치던 가게 주인들은 돈에 쫓겨 나오게 된다. 골목의 빈 곳을 내어주는 것에서 시작해 전부를 내어주는 것으로 끝난다. 예스러움과 새로운 것의 조화는 깨지고, 대기업의 프랜차이즈가 들어서면서 새로움마저 잃게 된다. 2013년에 시작된 경리단길이 그랬다. 그 이후 다른 길도 비슷한 수순을 밟고 있다. 황리단길은 2017년도부터 매체에 소개되기 시작했는데 다큐멘터리 제작을 위해 황리단길을 찾은 때는 2020년도였다 그리고 황리단길에서 뼈대만 남은 한옥을 여러 채 마주했다. 기둥 몇 개만 남기고 벽은 다 허물었는데, 지붕만은 그대로 유지하고 있었다. 어떤 집은 벽 없이 얼마 남기지 않은 나무 기둥으로는 불안했는지, 철 기둥을 추가로 설치했다. 이상한 상태로 뼈대만 남은 한옥을 이날 처음 만났는데, 안쓰러웠다. 존중받지 못한 채 벗겨지고 무너지고 앙상하게 남아 있는 그곳에 가림막을 쳐 주고 싶었다. 누군가의 집이었던 황리단길의 한옥은 지붕만 남긴 채 다른 형태로 바뀌는데, 거기에는 어떤 당위도 없어 보였다. 단지, 사진이 가장 잘 나오는 인테리어와 소품들로 가득 채우며 그 시기에 가장 핫한 음식을 팔고 있었다. 또 마주한 어떤 건물은 3층인데, 1층에도 기와가 있었고, 2층, 3층에도 기와가 잔뜩 올려져 있었다. 여기서 가장 경주다운 건물임을 주장하는 듯했는데, 억지스러웠다.

황리단길에서 골목으로 들어가면 주민 주거지역이 있다. 걸어서 1, 2분 정도만 들어오면 관광객들의 모습은 보이지 않는다. 소음이 사라지고 고요해지면 비로소 진짜 한옥을 만날 수 있다. 잠시 커피 한잔 마시고 밥 먹고 나가는 곳이 아니라 빨래하고 밥 차리고 잠자고 그렇게 수십 년을 반복해 온 진짜 한옥이 나타난다. 골목 안쪽 한옥의 기와는 슬레이트가 아니라 흙이나 시멘트로 구운 것들이 많은데, 세월의 때가 잔뜩 묻어 있었다.

오래된 기와를 가만히 보고 있자니 마음이 절로 안정됐다. 황남동 통장의 안내를 받아 집으로 들어갔다. 마루는 반질반질했고, 마당은 잘 정돈되어 있다. 기둥과 서까래 색깔은 너무 짙지도 연하지도 않은 갈색이다. 오랜 세월 손때가 묻어 그 반질반질함과 시간이 흘러 적당히 색이 바랜 그 느낌이 좋았다. 집주인은 예고치 않은 방문인데도 집 안 구석구석을 소개해 줬는데, 말에 애정이 잔뜩 묻어 있다. 집을 소개하면서 할아버지와 본인 이야기가 자연스레 나왔다. 집과 함께 그의 집안까지 소개받은 기분이다. 황리단길의 수많은 집이 팔린 것처럼 이 집도 제안받았을 것이다.

"이 집은 얼마에 파실 겁니까?"

이 말이 그에겐 어떻게 들렸을까? 답을 했을까?

"가끔씩 봅니더. 우리 집으로 오잖여. 저쪽 한편은 다 이사 가고 없는데. 옛날 사람들 다 이사 가고 없는데…."

慶
州

녹색 대문을 연 채로 한 할머니가 키질하고 있다. 친구들이 많이 떠났냐는 물음에 무심하게 답하고 계속 키질만 했다. 촬영하면서 만난 주민 대부분은 삼사십 년 전부터 이곳에서 살았다고 했다. 그리고 하나같이 본인들의 집을 자랑스러워한다. 누군가는 집값이 올라 좋겠다고 생각하겠지만, 마냥 좋지만은 않다고 했다. 다른 곳에서 정붙이기 쉽지 않다는 게 그 이유였다. 집을 팔고 아들네 아파트로 간 친구 집을 방문한 적이 있는데, 그곳은 삭막해서 잠시만 있어도 답답했다고 한다. 황리단길에서 시작된 변화는 임계점에 도달하기 전까지 점점 확장될 것이다. 얼마 떨어지지 않은 주택가까지 이어질 것이다. '여생을 이 골목에서 조용히 살고 싶은 게 우리네 마음'이라고 했지만, 불가능해 보였다. 이미 주택가는 관광객들의 차량으로 몸살을 앓고 있었다. 관광객들은 좀 더 트렌디함을 위해 옛것을 찾을 것이고, 경주 사람들이 쌓아온 세월의 흔적은 인스타그램 속 배경이 될 것이다.

황리단길에서 시작된 변화가 오래된 도시에 활기를 가져온 것은 분명하다. 경주에 올 이유가 하나 더 생긴 것이니 나쁜 일은 아닐 것이다. 첨성대는 그 자리에 있고 고분도 여전히 자리한다. 황리단길이 경주답지 않다는 건 그저 옛것을 좋아하는 외지인의 감상에 지나지 않지만, 다만 그 변화가 너무도 빨라 무엇이 경주인가를 생각할 틈이 없다는 건 아쉬운 일이다. 황리단길의 땅값이 최근 5년 새 열 배 정도 올랐다고 한다. 한옥 수는 달라지진 않지만, 재현된 한옥에는 경주를 느낄 수 없었다.

경주 ─── 손효자길

무엇이 경주인가 (2) - 서악마을

언제나 시작은 평범하다. 잘 익은 누런 벼가 가득한 들판을 지나 여느 시골 마을로 들어갔다. 기와집이 많은데, 기와들은 황리단길에서 본 집과 달리 정돈되어 있지 않았다. 기와끼리 아귀가 맞지 않고, 군데군데 이가 나가 있다. 기와들의 곡선은 규칙적이지 않았는데, 그래서인지 하나하나에 눈길이 갔다. 집 벽은 그림 대신 넝쿨이 자리 잡고 있다. 오래된 벽을 넝쿨이 지탱해 주는 것처럼 보이기도 한다. 황토벽도 있는데, 작은 돌 큰 돌 상관없이 반쯤 튀어나와 있다.

한쪽에선 추수한 벼가 골목길 대부분을 차지하며 가을 햇볕에 잘 말라 가고 있다. 이 모습을 보고 미국인 사진작가는 공공도로에 점거하고 있는 건 배려가 없는 행동이라고 말했는데, 우리네 골목은 공유재와 사유재 그 중간쯤에 있다고 알려주었다. 누가 훔쳐 갈 수도 있는데, 이렇게 내놓고 있는 건 커뮤니티에 신뢰가 있다는 증거이지 않냐고 되물었다. 웃으며 말했고, 그는 어깨를 으쓱했다.

벼가 말라 가는 골목길 끝에 집이 하나 있는데, 집 바로 뒷동산에 무덤이 있었다. 아주 크고 오래된 무덤이다. 그 집은 2천 년 전 이름 모를 왕족의 무덤을 이불처럼 덮고 지낸다. 세상에서 가장 오래된 이불을 덮고 있는 집, 그리고 그런 집들이 모여 있는 이 마을의 이름은 서악마을이다.

　서악마을은 경주 시내에서 차로 10분 이내의 거리에 있다. 이곳은 세 개 마을로 나뉘는데, 낡으면 낡은 대로, 새것이면 새것대로 집주인의 애정이 묻어난 잘 정돈된 느낌이다. 마을 입구에서 본 서악마을은 여느 시골 마을과 다름없어 보이지만, 안쪽으로 걷다 보면 마을이 품고 있는 유적과 풍경에 놀라게 된다. 마을 길의 시작점에는 서악서원이 있다. 신라 시대의 위인인 김유신, 최치원, 설총의 위패를 모신 서원이다. 마을 뒤쪽으로는 삼국통일을 이룩한 태종무열왕, 한 번쯤은 들어본 진흥왕, 진지왕, 문성왕, 법흥왕 등의 능이 있다. 신라시대를 대표하는 왕들의 무덤이 한 마을에 함께 있다는 게 신기할 정도다. 마을 주민들의 조상이 궁금해진다.

　서악서원을 지나 서악4길을 따라 걷다 보면 마을 중앙에 자리한 텃밭과 꽃밭에 도착한다. 그 자리에서 오른쪽을 보면 기와집들과 선도산 고분군을 한눈에 담을 수 있다. 서악4길을 따라 위로 올라가다 보면 도봉서원이 있는데, 왼쪽으로 올라가면 서악동 고분군과 무열왕릉이, 오른쪽으로 올라가면 선도산 고분군과 진흥왕릉, 진지왕릉 등이 있다. 이정도면 마을 길이 신라 역사 길과 다름없다. 선도산 고분군 쪽으로 올라가면 서악동 삼층석탑이 있는데, 주변으로 구절초가 한가득 피어 있고, 고분군에서는 마을 전경과 거대한 무열왕릉과 서악동 고분군을 함

게 볼 수 있다. 깔끔하게 정리된 고분들과 계절에 따라 피는 꽃, 까만 기와지붕 등이 조화를 이룬다. 고즈넉한 고분 풍경과 이를 조용히 떠받치고 있는 마을 풍경이 무척이나 잘 어울린다. 유적도, 함께하는 마을도 모두 보물 같다.

사실 서악마을의 이전 모습은 지금과는 달랐다. 2천 년 전 고분의 위치는 변함없었겠지만, 마을 모습과 유적을 바라보는 이들의 시선은 달랐다. 선도산 고분군은 대나무숲과 잡목으로 우거져 방치 상태였고, 마을 담장은 무너진 게 부지기수였다. 마을의 길은 정비되지 않았고, 지붕도 집마다 제멋대로였다. 역사 유물이 마을에 있다는 건 행운인 동시에 불편한 일이다. 문화재 보존을 위해 마을은 개발과 재산권 행사에 제한받는다. 그런 데다 역사를 대하는 자세는 개인마다 다르다. 모두가 2천 년 전 역사와 문화재에 사명감이나 긍지를 갖는다는 건 있을 수 없는 일이다.

서악마을 변화는 2011년에 시작됐다. 문화재청과 경상북도의 지원으로 '문화재돌봄사업단'이 문화재 주변 환경개선사업을 펼쳤다. 먼저 고분을 가리는 대나무와 잡목을 제거했고, 고분에 잔디를 입히고 꽃을 심었다. 그 후 신라시대 문화를 연구하는 신라문화원이라는 단체가 2017년부터 대기업의 후원을 받아 '서악마을 가꾸기 사업'을 시작했다. 마을 길을 정비하고, 푸른 패널 지붕을 검은 유성 페인트로 칠했다. 편해졌고 통일감이 생겼다. 서악동 삼층석탑 주변에는 계절이 바뀔 때마다 꽃을 심었다. 봄에는 진달래, 영산홍, 작약 등을 심었고, 가을에는 코스모스와 구절초를 심었다. 밖에서 사람들이 찾아왔다. 예전에는 무열왕릉을 보기 위해 몇몇 사람들이 왔다면, 이제는 많은 사람이 서악마을을 찾는다.

문화재를 보고, 마을을 보기 위해서 말이다.

신라문화원장이 다큐멘터리를 촬영하기 전에 제작진에게 마을을 안내해 줬다. 제작진의 이해를 돕기 위해서였는데, 그간 진행한 문화재 보존 사업과 마을 가꾸기 사업을 쉬지 않고 말했다. 마을에 이층집이 들어서는 것을 설득해 막은 일과 변화가 못마땅한 주민들을 어떻게 설득했는지도 알려주었다. 문화원장의 이야기는 교수의 언어가 아닌 사업가의 말에 가까웠다. 그는 문화재에 관한 역사나 고고학적 가치보다는 이 문화재를 어떻게 활용할 수 있는지를 한참 이야기했다. 그래서인지 무열왕릉과 그 앞에서 듣는 그의 말이 어울리진 않았다. 다만, 마을이 발전해야 문화재도 보존된다는 말은 무척이나 인상적이었다. 현재 서악마을에서는 관광객을 위한 체험 활동과 행사를 진행하고 있다. 서악서원과 도봉서원에서 고택 체험을 진행하고, 서원과 석탑에서 음악회를 열기도 한다. 일부 행사의 수익금은 마을 주민들을 위해 사용된다고 한다.

경주는 신라의 역사를 고스란히 간직한 도시다. 그리고 경주 사람들이 사는 현재는 경주의 오랜 역사 중 후반부를 책임지고 있다. 경주는 신라의 역사와 현재의 역사를 연계할 방법을 고민하고 있다. 황리단길 골목길과 서악마을 골목길에서 저마다의 해법을 볼 수 있는데, 어느 쪽이 정답에 가까운지는 고민하기 어려운 문제였다.

慶
州

시간이 느리게 가는 골목, 경주읍성 골목

경주에선 오래된 것을 쉽게 찾을 수 있다. 월성동에는 첨성대와 신라의 별궁이 자리했던 동궁과 월지가 있으며, 황남동에는 천마총과 미추왕릉이 있다. 신라시대 유적지가 동마다 있다고 해도 과언이 아니다. 동부동에 가면 작은 성을 볼 수 있는데, 경주읍성이다. 신라시대에는 왕궁이었던 월성 지역이 중심이었다면, 신라시대가 저물고, 고려시대 이후에는 읍성이 중심지 역할을 했다. 이후 조선시대까지 행정, 생활, 군사 기능이 모여 있던 경주의 중심이었다. 경주읍성에 올라가면 돌 틈 사이로 길 하나가 보이는데, 북성로이다.

경주읍성 길 끝자락에 자리 잡은 북성로는 2020년대 거리라고 하기에는 어색해 보인다. 거리 곳곳에 몇십 년 전 거리에나 있었을 것 같은 곳들이 있다. '컴퓨터, 개인과외, 과외'라는 간판이 달린 가게나 낡은 네온사인 간판이 달린 주점이 그렇다. 곁에서 보면 이미 문을 닫았을 것 같은데, 여전히 영업 중인 음식점도 있다. 이런 가게들의 특징은 간판의 색

慶
州

이 바랬고, 상호도 고전적이다. 들꽃, 수정, 향미와 같이 순전히 가게 주인의 취향으로 붙인 듯한 이름이 많다. '구미 정미소·국수·참기름·방앗간'이라는 실용적인 간판이 달린 가게 옆에 길이 하나 있는데, 들어가 보면 구미정미소가 있다.

정미소는 쌀의 겉껍를 벗겨내는 작업을 하는 곳인데, 정교한 작업을 하는 기계 치곤 무척이나 크고 투박하다. 덕분에 쌀이 어디로 들어가서 어디로 나가는지 쉽게 알아볼 수 있었다. 도정하는 소리는 꽤 큰데, 정미소 주변에 참새 떼가 많아 새 지저귀는 소리와 어우러져 운치가 있었다. 구미정미소는 100년이 넘는 세월 동안 이 골목에 있었다. 현재 정미소를 운영 중인 K 사장은 이 공장의 세 번째 주인이라고 한다. 두 번째 주인이 운영할 당시 직원으로 있다가 1994년에 인수했다고 한다. 공장은 쌀을 도정하는 곳, 도정한 쌀을 보관하는 곳, 그리고 사무실로 쓰이는 곳 이렇게 크게 세 구역으로 나뉜다. 창고는 구역마다 번호가 있는데, 그 아래 손님들이 맡긴 쌀을 포대에 담아 보관하고 있다. 맡긴 쌀은 고객들의 기호에 맞게 도정해 준다. 언뜻 보면 번거로운 방식처럼 보이지만, 정미소 사장은 자신이 이곳에서 일했던 시절부터 쭉 해 온 방식이라고 했다.

북성로를 걷다가 3층 건물과 2층 건물 사이로 골목길이 하나 나 있는 곳을 발견했다. 이 길은 '대세한약방'이라는 집으로 연결되는데, 가정집을 한약방으로 쓰고 있다. 처음 이곳에 왔을 때 한의원은 많이 봤지만, 한약방은 말 자체가 생소했다. 한의원은 한의과대학을 졸업하고 한의사 국가시험에 합격해서 개설하는 의료기관이고, 한약방은 한약업사 자격을 취득하여 개설하는 한약재 판매 가게라고 한다. 한약업사 자격시험은 1982년을 끝으로 없어졌다. 오래된 것에는 특유의 냄새가 있다. 한약방에도 그 냄새가 가득했는데, 한약 냄새와는 조금 달랐다. 문을 열고 들어가자 J 원장이 맞아준다.

"지금 제 나이가 91세거든. 60년 됐어요."

10대 때부터 한약방에서 일하면서 어깨너머로 배웠고, 전역 후에는 한약방을 직접 운영하기 시작했다. 아들은 한의학을 전공해 한의사가 되었고, 이곳에서 함께 일한다. 아들은 환자를 진료하고, 한약방 주인은 처방에 맞춰 한약을 지었다. 방에는 오래된 책들이 많은데, 지금도 '뒤져 본다'는 책들은 금방이라도 부서질 것 같았다. 햇볕에 바래고 손때가 타 종이는 거무튀튀해졌고, 한 장 한 장이 가까스로 붙어 있다.

"이만큼 나도 늙었고 책도 늙었어요. 함부로 보지도 않았는데, 이만큼이나 닳았어요."

낡아버린 책이 민망한지 웃으며 책을 매만지고 있었다. 수십 년을 매일같이 본 책이니 내용을 몰라 책을 보는 게 아닐 거다. 그저 습관처럼 손님이 오면 이야기를 들으며 책을 뒤적였을 거다. 책의 저자는 노인이 아니었지만, 책은 어느새 노인을 닮아 있다. 노랗게 바랬고, 갈라지고, 검은 책이 노인의 얼굴 같다. 한 가지를 더 꺼내어 제작진에게 보여주는데, 종이 한 장에 한자가 빼곡히 쓰여 있다. 이런 종이가 여러 묶음이다. 분류된 종이들은 비닐 팩에 넣어 진료실 옆방이 가득 찰 정도로 보관되어 있다.

"김 씨, 이 씨, 박 씨, 최 씨, 오 씨… 성별로 한 보따리씩 놔뒀어요. 약 지을 때마다 이걸 봐요."

慶
州

지금까지 조제한 약의 기록들이었다.

한약방 원장과의 대화는 원활하지 않았다. 귀가 잘 안 들리는 탓에 같은 질문을 여러 번 끊어서 해야 겨우 답을 들을 수 있었다. 그런 그가 환자들을 상대하며 그에 맞는 한약을 조제하기까지는 꽤 오랜 시간이 걸렸을 것이다. 한약방이라는 말이 생소한 나 같은 사람은 굳이 이곳을 찾지 않겠지만, 60년 세월 동안 이곳에 왔던 이들만 왔을 것이고, 책은 그간의 시간만큼 낡았다. 그리고 처방전은 그 시간만큼 쌓였다.

색다른 사진을 찍는 노이 알론소

사진과 달리 그의 첫인상은 수수했다. 프로그램 설명과 섭외를 위해 몇 번의 화상 전화를 했을 때도, 촬영 전날 맥도날드에서 햄버거를 먹으면서 다음 날 스케줄을 확인할 때도 그랬다. 묵묵히 듣고 느린 목소리로 몇 가지를 물었다.

노이 알론소는 말수가 많지 않았다. 본인은 활발한 성격이 아닌데 진행자로서 괜찮겠냐고 되물었다. 보통은 말을 잘하고, 친화력이 좋은 진행자를 선호하지만, 이번만큼은 상관없었다. 그의 사진이 좋았기 때문이다.

우리는 경주의 골목을 다르게 표현할 방법을 고민했다. 우리나라의 아름다움이 잘 드러나는 경주이기에 아름답지만, 우리가 많이 봤던 그런 경주의 모습이 아니길 바랐다. 사진작가를 섭외할 때도 그 부분을 최우선으로 여기며 공을 들였다. 섭외를 위해 자료를 찾던 중 비 오는 날 서울의 한 골목을 찍은 사진을 봤는데, 비현실적이었다. 우리네 익숙한

慶
州

골목이 미래를 다룬 일본 만화 〈공각기동대〉 속 배경처럼 보였다. 사진에는 허름한 네온사인 간판 불빛이 밤거리를 채우고 있는데, 몽환적이었다. 곧장 다른 사진도 찾아봤다. 그가 찍은 낮 사진은 붉고 분홍색으로 가득했는데, 찍은 장소가 어느 나라인지 알 수 없었다. 한국인 동시에 일본 같았고, 또 이름 모를 나라 같기도 했다. 노이 알론소의 사진은 장소도 시대도 분명하지 않았다. 그래서 더 아름답고 달라 보였다.

"저는 그림처럼 초현실적인 모습을 찍고 싶거든요. 더 독특한 것을 볼 수 있고, 다른 사람들은 볼 수 없는 색다른 사진을 찍을 수 있습니다."

어떻게 하면 그런 사진을 찍을 수 있냐고 물었고, 적외선 촬영으로 가능하다고 알려줬다. 우리가 찍는 사진은 눈에 보이는 가시광선을 이용한다. 적외선 촬영은 가시광선을 차단하고 적외선을 사용한다. 적외선 촬영을 위해 카메라를 개조했다고 한다. 경주에서 그가 찍은 사진들은 말 그대로 색달랐다. 황토색 능과 노랗게 물든 단풍나무들이 온통 분홍색으로 바뀌었다. 한옥은 익숙한 동시에 낯설었다. 노이 알론소의 사진은 우리가 이미 보았고 익숙하다고 생각한 것들에서 새로운 아름다움을 발견하는 기쁨을 선사했다.

노이 알론소는 이따금 내가 이해할 수 없는 것들을 찍었는데, 자전거와 한글 글자체였다. 골목을 걷다가 자전거가 나오면 어김없이 멈춰 섰다. 그에게 왜 자전거를 찍느냐고 물었더니, 자전거의 프레임이 마음에 든다고 했다. 프레임이 왜 좋으냐고 되물었는데, 자신도 그 이유는 알 수 없다며 그냥 좋다고만 이야기했다. 경주 황리단길에서는 갑자기 멈

慶
州

취 서서 벽에 그려진 식당 상호를 찍었다. 글씨체가 맘에 든다고 했는데, 그 글자는 우리네 전통의 붓글씨체는 아니었다. 그냥 동글동글한 모양의 귀여운 글자였다. 이번에도 왜 좋은지 물었지만, 답을 들어도 이해할 수 없었다. 그냥 나와 다른 취향인 듯했다.

노이는 대로나 번화가에는 관심이 없었다. 사람들이 많은 거리에서 그는 힘들어했고, 인적이 드문 골목에 들어서면 편안해했다. 발걸음에서 바로 알 수 있었는데, 큰길에서는 어김없이 빠르게 걷다가 골목에 들어서면 느려지고 있었다.

"모두가 큰길을 걸으며 같은 사진을 찍고 같은 가게에 들어갑니다. 다를 게 없어요. 제가 뒷길이나 골목길 탐험을 좋아하는 이유는 사람들이 덜 가는 길이기 때문입니다."

그가 적외선 사진을 찍는 이유와 골목을 좋아하는 이유는 같았다.

그렇게 찍고, 그런 곳에 가야 더 독특한 것을 볼 수 있고, 다른 사람들이 볼 수 없는 새로운 것들을 찾을 수 있기 때문이다.

濟

제주 —————

州

나의 할아버지, 존 잭슨

　그를 처음 만났을 때 받은 강렬한 인상은 지금도 잊히지 않는다. 당장이라도 쓰러질 것 같은 낡은 자동차에서 내리던 백발의 노인. 하얀 수염을 휘날리며, 검은 가죽 장갑에 비니를 쓰고 "안녕하세요." 하며 밝게 인사를 건네던 그의 이름은 존 잭슨이다.

　시간을 거슬러 존과 만나기 전, 부산에서 열심히 제주도 편 사진작가를 섭외하고 있을 때였다. 스태프가 굉장히 특이하신 할아버지가 한 분 계신다며 그를 추천했다.

　"할아버지요? 체력이 괜찮으실까요?"

　굉장히 힘든 촬영 일정을 소화해야 하는 포비든 앨리 작품 성격상 나는 걱정부터 앞섰다. 하지만 휴대폰에서 나오는 그의 자기소개 영상을 보고 나는 그가 궁금해졌다. 아니, 이미 그 순간 그는 우리의 출연자였다.

　"톡으로 연락해 보세요, 당장!"

　"그런데 이분 연락이 잘 안 돼요."

224

濟
州

미국인 사진작가 '존 잭슨'은 특이한 사람이라고 표현하고 싶지만, 그 것을 넘어 특별하고 신비로운 사람이었다. 그가 한국이라는 나라를 알 게 된 건 약 50여 년 전 평화봉사단으로 오면서부터다. 그는, 작지만 아 름다운 이 나라와 사랑에 빠졌고, 그로부터 몇 년 후 한국에 다시 오면서 계속 이곳에 살고 있다.

서예와 도道를 좋아하고, 한국의 고미술품 모으는 것을 좋아한다. 학 교에서 영어를 가르치기도 하며, 뮤지컬 강의도 한다. 전라도 어느 소도 시에 살고 있으며, 오토바이를 타고 다니며 사진을 찍는다. 특히, 꽃이 피는 시기엔 제주도에서 몇 달 동안 살며 출사하러 다니고, 막걸리를 좋 아한다.

그와 이야기하고 있노라면, 외국인이라기보다는 서당 훈장님에게 가 르침을 받는 것 같은 착각에 빠질 때가 있다. 마치 방랑 시인 김삿갓이 환생해 외국인의 모습을 하고 있다면 아마 존 잭슨 할아버지의 모습일 것이다. 그가 싫어했던 건 나이와 관련된 사람들의 편견이었다. 예컨대, "힘들지 않아요?", "괜찮아요?"라고 묻는 것이었다. 그에게 나이는 그야 말로 숫자일 뿐이었고, 실제로 그는 스태프 중 체력이 가장 좋았다. 그는 유쾌하고, 열정적이며, 틈틈이 쉬는 시간에는 한국의 1950년에서 1960 년대 이야기를 해주었다. 존은 무더운 여름이면 근처 다방에 꼭 간다고 했다. 에어컨이 대중화되지 않았던 당시 다방에 가서 시원한 사이다와 아이스크림을 버무린 음료를 놓고 선풍기 앞에 앉아 있으면 천국에 있 는 듯한 기분이 든다고 했다. 또한, 극장에서 영화를 보고 있으면 사람들 이 갑자기 발을 드는 순간이 있는데, 쥐가 발밑을 자주 지나다니기 때문

濟
州

이라고 했다. 그럴 때면 같이 발을 들어줘야 인지상정이라나…. 우리는 이야기보따리를 꺼내기를 기대하는 어린아이들처럼 쉬는 시간이 오길 기다렸고, 그는 호기심 가득한 얼굴로 이야기를 시작했다.

"존! 한국에서 계속 살 거예요?"

나의 물음에 그는 제주 바다를 응시하며 답했다.

"미국으로 돌아가고 싶어요…. 고향에는 낡고 오래된 내 집이 나를 기다리고 있어요. 그 집을 고치면서 살아가는 게 내 목표예요. 그러기 위해 열심히 돈을 벌 거예요."

나의 할아버지 존 잭슨, 그와 함께할 수 있어 행복했던 제주도 골목 여행이 이제 시작된다.

막다른 골목길, 비로소 만날 수 있는 것

함덕해수욕장은 '배가 정박해 있는 작은 부둣가와 현무암 담을 따라 나 있는 골목 그림'이 절실히 필요했던 나에게 최적의 장소였다.

아름다운 모래사장도 있지만, 동시에 작은 항구가 있으며, 시끌벅적 한 해변을 지나 마을로 가는 골목에 들어가면 조용하고 재밌는 이야기 가 펼쳐지기 때문이다. 특히, 함덕마을은 제주의 옛 모습을 간직한 가옥 이 많았다. 안거리(안채)와 바깥거리(바깥채)가 있는 구조이면서 볏짚 으로 엮은 지붕에 현무암으로 쌓은 담, 도둑이 없어 세우지 않은 대문 등 돌담길을 따라가다 보면 비로소 제주의 진짜 모습이 보인다.

돌담 한편에는 무릎 높이의 돌이 보이는데, 이것을 '쉼팡(쉬는 곳)' 또 는 '물팡'이라고 부른다. 참 재미있는 단어인데, 물을 길어 오다 보면 힘 든 사람들을 위해 누구든 앉아서 쉬어 가라는 의미이다. 제주도는 물이 귀해서 용천수나 우물까지 물을 길어 오기 위해 물허벅(물 항아리)을 많 이 썼다. 이 돌은 그들을 위한 것이다. 이 얼마나 공동체적인 문화인가? 나는 '올레'를 외쳤다. 물팡이야말로 가장 제주도다운 골목 문화이며, 삶

濟
州

231

濟
州

이고, 우리 프로그램에 '올레*'스러운 것 그 자체였다.

나는 쉼팡에 잠시 앉아 본다. 골목 취재로 힘들었던 다리의 피로가 풀리는 기분이다. 잠깐의 여유로움으로 마을을 둘러보니 참 조용하고 정겨운 곳이다. 마을이 유독 조용한 이유는 고기잡이나 밭농사가 주업인 제주도민들의 특성상 낮에는 집에 있지 않기 때문이다. 돌담의 따스함으로 추진력을 얻어 다음 골목으로 넘어간다.

'그'를 만난 곳은 막다른 골목에서였다. 지도에도 없던 골목을 따라가다 보니 그 끝에 대문 없는 집이 한 채 나왔다. 아니, 정확히 말하면 우리는 길이 끊긴지도 모르고 남의 집 앞에 서 있었다. 당황해하는 우리 앞에 집주인이 섰다. 그는 우리에게 '막은창'이니 돌아가라고 알려주었다.

'막은창? 그게 뭐지?'

부끄러워하는 '그'를 겨우 설득해 우리는 이 지역 이야기와 '막은창'의 뜻을 알 수 있었다. 제주도 말로 막다른 골목을 '막은창'이라고 한다. 굽이굽이 좁은 골목을 걷다 보면 나오는 골목의 끝, 길은 끝이지만 인연은 새롭게 이어지는 곳이다.

그는 이곳에서 태어나 77년을 살아왔다. 원래 이 지역은 밀양박씨 땅이었는데, 사람들이 와서 집을 짓고 살기 시작해 마을이 되었고, 집 사이사이가 골목이 되었다. 법적으로는 존재하지 않는 길이다. 그래서 집을 새로 짓지 못하고 고장 난 부분만 보수해 살고 있다고 한다. 자식들

올레는 제주도에서 문과 문 사이의 길인 골목을 뜻한다.

은 노후화되어 가는 이 마을에 살고 싶지 않다며 육지로 떠났다고 한다.

'길도 없는 곳….'

그의 집은 골목의 끝이다. 막다른 골목이란 뜻의 '막은창'인 것이다.

과거 힘든 살림에 서로 도우며 인정을 나누던 마을. 바다가 보이던 마을에 지금은 건물들이 들어서 풍경은 없어지고 사람과 이야기만 남았다.

자세히 보니 마을의 화장실이 모두 일명 '푸세식'인 재래식이다. 수도가 제대로 안 들어와 제일 힘들다던 그는 죽기 전에 화장실이라도 편하게 쓰고 싶다며 이 말을 꼭 전해 달라고 했다. 가끔 길을 잃고 우연히 마주한 대문 없는 집 앞에서 관광객들은 그와 마주할 것이다. 길도 없는 막은창의 이야기꾼을 말이다.

발길을 돌려 다음 골목을 걷던 중 나는 홀린 듯 어떤 골목으로 들어갔다. 아니, 그 골목이 나를 그곳으로 이끌었다고 볼 수 있다. 골목으로 들어가는 순간 강아지 여러 마리가 나를 향해 뛰어와 애교를 부렸다. 나는 이 장소를 '강아지 골목'이라고 불렀다. 무엇보다 귀여운 강아지들을 카메라에 담고 싶었고, 잭슨 할아버지가 놀라는 상황을 찍고 싶었다. 그래서 본 촬영 때는 알려주지 않았다. 거기에 무엇이 있는지 말이다. 아쉽지만, 강아지들은 촬영 며칠 후 여러 가정으로 입양되어 강아지 골목에서는 더는 볼 수 없었다.

귀여운 강아지들과 만남을 뒤로하고 발걸음을 옮긴 곳은 '오줌폭탄'이라는 곳이다. 제주도로 출발하기 전 사전 조사 때부터 궁금했던 곳이었다. 이렇게 재미난 이름을 가진 곳은 무슨 사연이 있어 함덕의 조용한

濟
州

마을에 있는 것일까?

오줌폭탄은 입구에서부터 재미있는 곳이었다. 쉼팡에는 인형이 앉아서 손님들을 맞이해 주었고, 집 정원에는 배냇저고리에 쓰인 동시들이 빨랫줄에 매달려 바람에 나부끼고 있었다. 오줌폭탄은 국내에서는 유일한 동시 서점이다. 수많은 서점에 가봤지만, 어린이들의 동시들만 모아 놓은 동시 서점은 정말 특별했다. 주인은 과연 어떤 사람일까?

김정희 작가는 함덕에서 자라나 어린 시절을 보냈다. 젊은 시절 육지로 건너간 그녀는 동시 작가가 되었고, 시간이 지나 다시 함덕으로 돌아왔다. 자신이 태어나고 자란 집이 헐리게 되자 그곳을 지키고자 고향으로 온 것이다. 그녀는 골목에서 들리던 아이들의 웃음소리를 되찾고자 한다. 자꾸만 사람들이 빠져나가고 과거의 것들이 사라져 가지만, '고향의 동심'을 찾으려는 사명감이 그녀를 이끌었다. 우리를 여기로 이끈 재밌는 이름 '오줌폭탄'은 그녀의 첫 작품명이기도 하다.

그녀와의 대화는 무척 유쾌했다. 그녀는 제주의 재밌는 방언을 소개하는 일이나, 제주도 각지의 초등학교를 돌며 동화 구연, 동시학교 같은 다양한 활동을 통해 아이들의 마음에 순수함을 지켜주고자 하고 있었다.

실제 오줌폭탄으로 오는 함덕의 골목에는 아이들이 그린 그림이 있는데, 길을 걷는 내내 어린 시절로 돌아간 기분이 들었다. 나는 밝고 순수한 그녀의 마음이 정말 좋았고, 무엇보다 사라져 가는 오래된 것들을 지키기 위한 용기에 손뼉을 쳤다.

자신이 가장 잘하는 것으로 골목을 골목답게 만들고 있는 김정희 작가…. 그녀를 응원한다.

몹쓸 바람이 부는 곳, 모슬포

제주 사람들은 모슬포를 '몹쓸포'라고 부르기도 한다. 몹쓸 바람이 세게 분다고 불린 이름이다. 여자, 돌, 바람 등 삼다의 고장인 제주도 사람들도 혀를 내두를 정도이면 어느 정도 감이 올 것이다. 관광객들에게는 방어로 널리 알려진 곳인데, 조류가 심한 모슬포항 인근에서 질 좋은 방어가 많이 잡힌다. 최대 산지며, 최고의 상품성 있는 방어가 잡힌다. 그래서 최남단 방어 축제가 모슬포항에서 열리기도 한다. 모슬포항을 지도로 보면 물고기 입처럼 생겼다.

맛집 촬영에 어울릴 만한 모슬포를 촬영지로 선택한 건 잭슨 할아버지의 의견이 컸다. 그 이유는 첫 번째, 모슬포는 최남단의 대표적인 어업 기지라는 상징성, 두 번째, 조선 수리소의 배들을 볼 수 있다는 점, 세 번째, 앞선 두 가지 이유와 골목이 잘 어울린다는 점이었다. 그리고 무엇보다 본인이 정말 존경하는 추사 김정희 선생의 유배지가 근처에 있어 이곳을 담고 싶어 했다. 그렇게 모슬포 취재가 시작되었다.

모슬포항은 고요하다 못해 쓸쓸했고, 먼바다에 몰아치는 겨울의 거센 파도를 보면 두려움이 밀려오기도 한다. 우리는 모슬포를 한눈에 보기 위해 방파제로 향한다. 모슬포항 방파제는 항구와 배, 한라산까지 보이는 완벽한 장소다. 방어를 잡기 위해 거친 바다를 헤쳐 나가던 어선들이 잠시 휴식을 취하는 듯 정박해 있고, 눈 내린 한라산 정상부의 시원한 풍광이 우리를 사로잡는다. 전체적으로 항구는 조용하다. 항구 끝에 조선소가 보이는데, 가는 길이 고즈넉하다. 길옆에 있는 작은 수리용 부품 가게들도 조용한 항구의 느낌과 잘 어울린다.

조선소로 걸음을 옮겨 보니 그곳 또한 제주도다웠는데, 조선소 앞에는 용천수가 나오고 있었다. 용천수와 항구, 조선소의 배들… 이곳이 모슬포를 가장 잘 보여주는 촬영 포인트다.

조선소 옆 골목길로 가다 보면 굴뚝이 보인다. 세월의 풍파를 겪은 듯 이리저리 깎여 나간 굴뚝은 누가 봐도 오래된 모습이다. 잭슨 할아버지도 가끔 출사하러 나올 때 궁금해하던 장소였지만, 들어가 보지 못했던 곳이다. 조심스럽게 노크해 본다. 개 짖는 소리와 함께 주인이 나온다.

"헬로?"

주인이 유쾌하게 우리를 맞이한다.

이곳은 1920년대 일제강점기 때 수산물 통조림 가공 공장이었다. 지금은 굴뚝과 공장 일부와 터만 남았지만, 과거 그대로의 모습이 남아 있었다. 공장 벽면에 그 당시 가공했던 소라, 전복껍데기가 그대로 남아 그때의 모습을 그려 볼 수 있었다. 공장은 바뀌는 시대만큼 다양하게 변했

濟
州

濟
州

는데, 전쟁 시에는 군수품을 만드는 역할도 했다고 한다. 집주인은 없어질 뻔한 이곳을 장기 임대해 터를 남겨두고 예술 전시 공간으로 꾸미는 중이었다. 그는 또한 폐공장 옆에 나 있는 골목 이야기도 해주었다. 지금은 사용하지 않아 수풀이 무성하지만, 옛날 많은 사람이 모슬포항에서 수산물을 싣고 이 길을 따라 오일장에 물건을 팔러 갔다고 한다. 골목에서 우연히 발견한 옛이야기와 사라져 가는 모습들… 사람들의 이야기가 아니면 잊힐 수 있는 과거의 유산을 우리는 골목 여행을 통해 남기고 있었다.

우리는 마지막 취재 장소인 서귀포시 대정읍 모슬포의 추사 김정희 선생 유배지로 발길을 돌렸다. 정쟁에 휩싸인 김정희가 유배되어 9년간 머물렀던 곳이다. 유배형은 죄가 무거울수록 임금과 멀리 떨어진 곳으로 보냈는데, 제주도에 유배되면 제주 관아가 있던 제주목에 머무르는 것이 대부분이나, 추사는 제주목에서도 한참 떨어진 제주도 서남부 대정까지 유배되었다.

유배지 주변으로 골목들이 뻗어 있는데, 그 이름이 '추사로'이다. 길을 따라 몇 가구 되지 않는 마을이 있다. 대로 주변으로 관광객들을 위한 음식점 몇 군데만 있을 뿐, 전체적으로 조용하고 고즈넉하다. 마을에 들어서면 대정읍성 성곽을 따라 골목이 나 있어 마치 조선시대 추사 김정희의 발자취를 따라가는 느낌이다.

골목을 걷던 중 한편에 우물터가 있다. 과거 대정골의 유일한 못으로서, 명관이 부임하면 말랐던 물이 용출하고, 그렇지 못한 이가 부임하면 용출하던 물이 말랐다고 한다. 물동이를 지고 우물터로 가는 아낙네의 모습을 한 하르방이 이곳을 지키고 있는 듯하다.

우물터 옆 벽화를 보는데, 벽화에 김구 선생의 애송시가 쓰여 있었다. 그리고 나는 무릎을 '탁' 쳤다.

"눈길을 걸어갈 때
어지럽게 걷지 말기를
오늘 내가 걸어간 길이
훗날 다른 사람의 이정표가 되리니…."

이 시는 '포비든 앨리'의 기획 의도이자 지향점이다. 그런 시를 골목에서 만났다니 감회가 새로웠다. 잭슨 할아버지에게 시의 의미를 설명해 주자 방송에 이 장면을 넣고 싶어 했다. 그는 골목 여행의 자취를 사람들과 함께했으면 했다.

추사로를 따라 드디어 유배지에 들어선다. 유배지는 제주4·3항쟁 때 불탔지만, 1984년 고증에 따라 복원했다. 이곳은 추사의 예술 정신, 유배 생활의 고난뿐만 아니라 제주민들의 옛 주거생활을 엿볼 수 있는 공간이기도 하다.

잭슨 할아버지는, 이 장소를 선택한 이유를 코로나의 상황과 맞닿아 있기 때문이라고 했다. 당시 추사 김정희는 위리안치형*에 처해져 힘든 유배 생활을 하고 있었지만, 불굴의 노력으로 명필 추사체를 완성할 수

濟
州

있었다. 지금의 코로나 상황도 비슷하다. 우리는 팬데믹에 갇혀 힘든 상황이지만, 굴하지 않고 이겨낼 수 있다. 마치 김정희의 정신처럼 말이다. 이것이 잭슨 할아버지가 시청자나 독자에게 해주고 싶은 말이었다.

'추사처럼….'

위리안치형[圍籬安置刑]은 울타리에 죄인을 가두고 집 밖으로 나갈 수 없게 하는 형벌이다.

연북정부터 시작하는 조천

조천리는 유명 관광지는 아니지만 유명하다. 누구나 한 번쯤은 들어 봤을 만한 곳이다. 국민 생수라고 불리는 '제주 삼다수' 물병에는 '제주도 조천읍'이라고 표시되어 있다. 그렇다! 조천읍은 국내에서 용천수 양이 가장 풍부한 물의 마을이다. 또한, 조천읍 조천포구는 애월읍과 함께 제주도와 육지를 연결하는 관문으로서 중요한 교통 요충지였다. 제주로 부임해 오는 관리나 유배된 사람들이 이곳을 통해 왔으며, 진시황의 명을 받들고 불로초를 구하러 온 선단이 조천포구로 들어왔다는 전설이 있다.

이렇게 매력적인 조천의 물과 전설을 찾는 골목 여행을 계획한다면 조천포구 한가운데 떡하니 서 있는 정자 '연북정'에서 시작하길 추천한다. 연북정은 육지에서 제주에 도착한 사람들이 바다(임금)를 향해 제를 지냈던 곳이다. 이곳은 제주에서의 삶을 새롭게 시작하는 사람들의 시발점인 셈이다.

연북정에서 골목길로 올라가면 이름하여 '비석거리'라고 하는 육거리가 나온다. 제주도의 오래된 마을의 특징 중 하나가 이렇게 비석거리가 있다는 점이다. 지방 관리들이 마을을 거쳐 가면서 자신들의 치적을 남기거나, 마을에 선정을 베풀었던 이들을 기리기 위해 한편에 비석을 세웠다. 비석거리에서 여섯 개의 길이 뻗어 있다.

'어디로 가야 하지?'

내가 취재할 때 난관에 봉착하면 쓰는 방법이 있다. 바로 가까운 슈퍼로 가는 것이다. 슈퍼는 마을 사랑방이자 정보통이고, 길잡이다. 답이 안 나올 상황에서 약간의 단서라도 잡을 수 있는 곳이다. 골목 여행자들이여, 슈퍼로 가자! 정말 우연하게도 슈퍼에서 마을 이장님을 만날 수 있었다. 유레카! 마을의 이야기꾼으로 통한다는 이장님…, 그의 이야기를 들어본다.

조천은 만세운동의 시발점이자 용천수가 풍부한 곳이며, 마을 골목이 아름다운 살기 좋은 동네이다. 진시황의 명을 받든 서복이 큰 바위를 제단 삼아 하늘에 제사를 지낸다는 뜻의 '조천朝天'을 새겼으며, 그로부터 조천이란 지명이 유래했다는 설 등 막힘없이 술술 나오는 그의 이야기는 한 편의 조천 서사시였다.

조천리에는 약 30여 개소의 용천수가 있는데, 제각기 특징과 쓰임새가 다르다고 한다. 어로 작업을 한 뒤 몸을 씻는 곳인 개낭개남탕(신남머들), 한 번에 두 말 정도의 물을 뜰 수 있는 곳이라는 의미의 상동두말치 등 단어도 재밌고 모양도 재밌다. 용천수 중 엉물남탕으로 발걸음을 옮

濟
州

긴다. 많은 용천수 중 이곳을 택한 이유는 골목길 바로 옆이기도 했지만, 비가림막이 있어 혹시라도 날씨가 좋지 않으면 대피하기 수월했기 때문이다. 물이 귀해 용천수가 나오는 곳에 마을이 형성되고, 그 물을 생명수 삼아 살아온 제주도 사람들의 삶의 모습들이 잠시 그려진다.

실제로 본 용천수는 맑았고, 엉물남탕에서 바라본 조천 바다의 전경은 아름다웠다. 겨울이라 물이 차서 들어갈 수는 없었지만, 잭슨 할아버지가 자기 얼굴을 용천수로 정성스럽게 씻는 거로 갈음했다.

용천수를 뒤로하고 계속 길을 걷다가 재밌는 집을 발견했다. 나지막한 돌담에 독채로 된, 집이라고 하기에는 너무 아기자기하게 꾸몄고, 카페라고 하기에는 어울리지 않게 대문에 집주인 이름이 떡하니 박혀 있었다. '조천 아기자기집'으로 명명한 나는 이 집의 내력이 궁금했다.

집주인이 가끔 집 좀 들여다봐 달라고 부탁받은 분을 우연히 만나, 그분 도움으로 집주인에게 연락할 수 있었다. 집주인은 육지에서 사는데, 이 집은 가끔 제주도에 놀러 올 때 별장처럼 사용한다고 한다.

집 정원은 정말 아기자기한 소품들로 꾸며 놓았는데, 구석구석 배치된 새 모형들과 재밌게 생긴 음식 조리대 등 마치 동화에나 나올 법한 집이었다. 그리고 이 집의 포인트는 바로 집 옥상에 우스꽝스럽게 설치해 놓은 화장실인데, 화장실에 가면 조천 바다의 전경을 한눈에 볼 수 있었다. 화장실에서 볼일도 보고 눈도 시원해질 수 있으니, 일거양득인 셈이다.

잭슨 할아버지는 이런 모습을 키치(kitch) 문화라고 표현했다. 사물

이 일정한 틀에 얽매이지 않고 기능적이며 편안한 것을 추구하는 실험적인 것들 말이다.

조천9길 돌담길을 걷던 중 고택이 보인다. 제주특별자치도 민속문화재로 지정된 조천리 황씨 종손 가옥이다. 두 가지 특이한 점이 있다. 골목길 높이보다 더 낮게 집이 지어졌다는 점과 기와집 형태를 띤다는 점이다. 이 집은 제주도 전역에 여섯 채 남은 기와집 중 하나다. 안거리(안채)는 450년이 넘었는데, 특이한 점은 집을 구성하는 건물의 양식이 조금씩 다르다는 점이다. 제일 처음 안거리를 만들고 시간이 지나면서 한 채씩 올린 건물이 그 시대의 형식을 반영했기 때문이라고 한다.

집을 구경하던 중에 서까래가 탄 흔적을 발견했는데, 과거 민란이 있었을 당시 집이 불탔던 적이 있었다고 한다. 집을 돌아다니는 순간에도 하나의 작품 속에 있는 것처럼 발걸음이 조심스러웠고, 집을 담아내는 화면이 조심스러웠다.

집주인은 여기서 나서 자랐고, 지금도 이곳을 지키고 있다. 고조할아버지 때부터 전해져 온 역사의 현장을 삶으로 이어 나가고 싶은 것이다. 오래된 한옥에서 살고, 그곳을 지키는 일은 결코 쉬운 일이 아니다. 집을 잠깐이라도 돌보지 않으면 금방 무너지고, 겨울철에는 무척 춥기 때문이다. 편리함을 좇는 세상에서 아름다운 불편함을 추구하는 집주인이 존경스러웠다.

濟
州

조천마을의 골목을 취재하면서 인상적이었던 일은 아기자기한 집들을 보는 재미뿐만 아니라, 옛 가옥들의 모습도 잘 보존되어 있다는 점이었다. 잭슨 할아버지가 찍은 사진 중 나무를 그대로 살리면서 주변에 돌로 쌓은 돌담이 있는데, 자연과 함께 자연스럽게 살아가는 모습이 기억에 남는다.

제주 보리미숫가루 '개역'과 순아 씨

제주 원도심은 제주목 관아 일대를 일컫는다. 조천에 도착한 관리는 길을 따라 시내에 있는 제주목 관아에 들어섰고, 부임 후 정무를 수행했다. 제주목 관아 근처 일대는 당시 제주도의 명소였다. 제주목 관아 주변으로 골목길 취재를 시작하려던 순간, 빌딩 사이로 오래된 건물 한 동이 보인다. 입구부터 나무로 된 미닫이문이 인상적인 이곳은 '순아네'라는 이름의 카페이다.

카페에 들어서자 진한 커피 향이 코끝을 자극한다. 선한 인상의 여주인이 우리를 맞이했다.

"사장님, 뭐가 맛있어요?"

"저희 집은 다 맛있어요."

반전 매력의 걸 크러시 여주인이 메뉴를 하나하나 설명해 준다.

"개역? 이게 뭐예요?"

재밌는 메뉴가 있었다. '개역'은 제주 보리미숫가루를 말하는데, 육지에서는 쌀이나 찹쌀로 미숫가루를 만들지만, 쌀이 귀한 제주도에서는

보리로 미숫가루를 만든다. 음료를 주문하자 그녀는 2층에 올라가 보라고 권한다. 한 명이 겨우 지나갈 수 있는 좁고 가파른 나무 계단, 몸을 웅크려서야 겨우 발을 내디딜 수 있었다. 마치 새로운 세계로 모험을 떠나는 설렘이 온몸에 전해진다. 낡은 계단을 오르는 내내 삐걱거리는 소리가 귓가에 맴돈다. 2층에 올라가는 순간 적산가옥의 전통적인 형태인 다다미방이 펼쳐지는데, 바닥과 벽, 서까래 모두 예전 그대로의 모습을 보존하려고 노력한 흔적이 역력했다. 마치 영화 세트장에 와 있는 느낌이다. 건물의 역사가 궁금해 주인에게 물었다.

그녀의 큰어머님 '순아' 씨는 일제강점기 때 태어났다. 그 후 제주4·3항쟁과 한국전쟁 등 이념과 정치적, 경제적 소용돌이에서 일본으로 건너가 안 해본 일 없이 모진 세월을 견뎌냈다. 그녀의 꿈은 다시 고향인 제주로 돌아가는 일이었다. 그녀는 세월이 지나 관덕정 앞 적산가옥 한 채를 구했다. 이 건물은 그런 순아 씨의 손때가 그대로 녹아 있는 곳이다. 세월이 많이 흘러 노인이 된 그녀가 더는 이곳에서 살아가기 힘들어졌을 때 개발 붐으로 건물이 사라질 뻔한 위기가 있었다. 그때부터 조카인 지금의 주인이 이어받아 카페로 꾸몄다.

따뜻하고 포근한 느낌이 드는 카페이다. 의자에 앉아 고소한 개역을 마신다. 벽 한쪽에 난 창을 바라보니, 제주목 관아가 보인다. 그녀는 말했다. 격변의 한국 역사를 살아온 순아 씨처럼 이 건물도 그 모든 것을 목격했다고 말이다. 사람은 죽어서 건물에 이름을 남겼다.

순아 씨의 카페를 뒤로하고 본격적으로 원도심 골목 취재에 나섰다.

우리는 관덕로8길과 중앙로가 지나는 길 일대를 중점적으로 돌아다닐 예정이었지만, 결론부터 말하자면 제주 원도심 골목 취재는 대실패였다. 좁은 골목은 찾기 힘들었고, 길 대부분이 대로처럼 확장된 형태로 변해 있었다. 이 일대가 오래된 어떤 터였음을 보여주는 곳곳의 이정표만 남아 있을 뿐이었다.

반쯤 포기한 상태였다. 나는 점심 식당을 찾던 중 정말 우연히 제주식 돌담이 보이는 골목으로 들어갔다. 그 골목은 현대화된 골목들에 둘러싸여 무심코 지나갈 법한 곳에 있었다. 콘크리트 속 숨은 제주의 그 골목은 들어갈수록 매력을 뿜어내고 있었다.

제주식 돌담과 현대식 벽돌담이 마주 보는 길. 특히, 붉은 벽돌담에 자란 녹색 잡초가 골목의 색채를 풍성하게 한다. 잭슨 할아버지는 이 돌담을 바빌론의 공중정원 같다고 했다. 녹색 생명이 차가운 콘크리트를 뚫고 나와 신비로움을 자아내고 있었다. 이 골목의 하이라이트는 그 끝에 있는데, 아주 오래돼 보이는 초가집 하나가 덩그러니 있다.

"계십니까?"

수차례 불러 보았지만, 아무런 대답이 없다. 대문은 굳게 잠겨 있었다. 과연 사람은 살고 있을까? 잠시 후 집 안에서 인기척이 들린다.

대문을 열고 들어서니 진돗개 한 마리가 우리를 맞이한다. 붙임성이 좋은지 연신 꼬리를 흔들어 댄다. 이 집의 주인은 아흔아홉 살 안순생 할머니이다. 무려 300년이 넘은 박 씨 초가를 7대째 지키고 있었다. 꽃다운 나이에 이 집에 시집온 뒤로 줄곧 이곳에서 살고 계신다는 그녀이다.

濟
州

남편을 일찍 여의고 자식들을 키우느라 고생한 세월. 그녀가 없으면 이 초가집도 사라질 것이라고 했다. 그녀는 이웃이 하나둘씩 떠나고 빠르게 변해 가는 사회가 외롭고 무섭다. 밤이 되면 조용하고 어두워지는 동네다. 그녀의 기억 속에 남아 있는 그 옛날 시끌벅적한 제주의 중심지는 그녀의 나이만큼이나 변했다.

광주 ————

光
州

1907년 개교한 광주중앙초등학교

광주의 정체성을 보여주는 단어는 '예향'이다. 예술을 즐기고, 예술을 사랑하는 이들의 삶이 깃든 광주의 골목들. 그 골목을 따라 예향의 도시, 광주의 진짜 이야기를 만난다면 어떨까? 그래서 광주 편의 첫 번째 골목으로 '예술의 거리'를 선택했다. '광주의 인사동'으로 불리는 이 예술의 거리는 동부경찰서 앞에서 중앙로까지 300여 미터에 이르는 곳을 일컫는데, 이 거리에는 갤러리와 화방, 표구점, 골동품점, 소극장, 전통찻집 등이 모여 있다. 광주읍성이 있던 시절에는 활터가 있었다고 하여 궁동弓洞이라 불리기도 한다.

광주 편의 호스트는 독일인 저널리스트 '안톤 숄츠'이다. 그는 한국 여성과 결혼하여 15년째 광주에서 살고 있다. 우리말이 유창하다. 이곳 예술의 거리에서 한국 전통 장을 산 적이 있다며 긴 다리로 성큼성큼 걸으며 스태프를 자신 있게 이끈다. 주말이라 그런지 마치 벼룩시장처럼 가게 밖 길에까지 각종 골동품이 나와 있다. 오래된 불상을 관심 있게 살펴보던 안톤은 질문을 건넬 주인을 찾는데, 바로 맞은편 가게에서 주인이 나온다.

光
州

주인은 안톤이 관심 있어 하던 물건은 불상이 아니고 중국의 미녀 '양귀비'를 조각한 것으로, 100년이 넘은 골동품이라 한다. 20만 원 정도라고 하니, 생각보다 높은 가격이었는지 안톤이 슬며시 조각을 내려놓는다. 내친김에 가게 안으로 들어가 보았는데, 재밌게도 간판 상호를 보니 '아프리칸 아트'이다. 하지만 좁은 가게 안에는 아프리카와 전혀 상관없는 것들로 가득했다. 유화 작품들이 사방에 걸려 있고, 조각, 병풍, 심지어 레코드까지 말이다. 주인은 우제길, 한희원 등 유명 작가의 작품들도 보유하고 있다고 자랑하신다.

주인에게 이 거리의 역사를 물었다. 1970년대부터 미술관, 골동품 가게들이 모여들기 시작했으니, 어느새 50년의 역사임을 자랑한다. 광주시도 1987년부터 '예술의 거리'로 지정하고 지원하고 있으나, 최근 거리의 활기가 전과 같지 않다며 아쉬워한다. 하지만 촬영 중에도 보도블록을 개보수하는 공사가 한창이었다. 아마 지금쯤이면 더 아름다워진 모습으로 변모했을 것이다.

좀 더 좁은 골목 안으로 들어가 보았다. 예술의 거리답게 평범한 골목에도 벽화들이 그려져 있다. 도시재생사업이 벌어진 골목에서 흔히 볼 수 있는 그런 벽화들보다 훨씬 수준 높은 '작품'이지만, 뭘 느껴야 하는지 잘 모르겠다. 한참을 바라보고 사진을 찍던 안톤이 다른 것을 발견했다. 원래의 오래된 벽 위에 벽화가 그려져 있는데, 그 위에 스티커가 붙었다가 일부 떨어진 모양이다. 세월이 지나면서 어느 것이 먼저인지 알 수가 없이 하나가 되어버렸다. 또 평범한 빨간 하트 그림인데 오랜 세월로 빨간색 페인트칠이 벗겨지고 일어나 있었다. 세월이 흘러도 변하지

光
州

않는 사랑을 뜻하는 것 같기도 하고, 퇴색되어 버린 사랑을 표현하는 것 같기도 하다. 작가는 이마저도 의도한 것일까? 안톤의 설명을 듣고 보니 이제야 감정이 느껴지고 재미가 있다.

다음으로 안톤이 우리에게 보여준 것은 지저분한 에어컨 케이블이다. 건물 하나에 사용되는 에어컨이 이렇게나 많은지… 에어컨 케이블들이 마치 뱀처럼, 아니 거대한 용처럼 똬리를 틀며 건물 위를 향해 올라간다. 언뜻 그저 지저분한 풍경일 수 있지만, 안톤의 설명을 듣고 보면 고개가 끄덕여진다. 자신에게는 이 장면이 한국을 상징하는 단면처럼 느껴진단다. 그리고 사람들이 지나치는 평범함 속에 늘 아름다움이 있다고 한다. 그의 말을 듣다 보면, 좋은 사진이란 결국 좋은 카메라나 기술의 문제가 아니라 '보는 법'을 배우는 일인 것 같다.

이렇게 좁은 골목들을 거닐며 예술의 거리를 크게 한 바퀴 돌고 나면 멀리 광주중앙초등학교가 보인다. 한눈에도 붉은색 벽돌로 된 아름다운 건물이다. 양해를 구하고 운동장 안으로 들어가 보니, 지금까지 살면서 본 학교 중 가장 오래되어 보인다. 한편에서는 식당을 짓는 공사가 한창인데, 마침 그곳에 나와 계신 학교장에게 물으니 놀랍게도 1907년에 개교한 학교이다.

호기심에 인터넷에서 '한국에서 가장 오래된 초등학교'를 검색하면 1894년에 개교한 서울교동초등학교가 나온다. 하지만 검색 화면 속 사진에서는 예전 모습을 찾아보기 어렵다. 하지만 광주중앙초등학교는 13년 뒤에 생긴 학교지만 100년 전 그대로의 모습이다. 실제로 이 학교에 다녔던 일본인들이 단체로 관광버스를 타고 와서 예전 그대로의 모습을 보며 감동한다고 한다.

광주중앙초등학교는 건축적으로 전형적인 일본식 학교 형태라고 하는데, 예를 들면 빨간 벽돌로 된 건물에 흰색 지붕이 있고, 지붕에는 삼각 창이 여럿 나 있다. 이 밖에도 현관문을 튀어나오게 장식한 것이라든지, 기둥의 둥근 모서리를 만들기 위해 둥글게 구운 벽돌을 사용한 것이라든지, 회벽으로 마감 처리한 것, 교실과 교실을 연결하는 내부 문, 미닫이문을 단 신발장, 밀어서 여는 격자창 등 일제강점기 건물들의 공통적인 특징이 거의 그대로 남아있다고 한다. 재밌는 것은 위에서 보면 대大 자형 모습을 보이는데, 이 역시 일본 건축의 전형이라고 한다.

사실 이런 건축적 특징을 떠나서 누구라도 110년이 넘은 이 교정을 거닐면 추억에 잠기게 된다. 더욱 늠름해 보이는 이순신 장군의 동상, 내 기억보다 훨씬 더 크고 풍성한 열매가 달린 등나무, 그리고 독서하는 소녀상까지⋯ 유년 시절 맘껏 뛰어놀던 바로 그 교정에 와 있는 것 같다.

1937년 발간된《광주향토독본》이라는 책에 따르면, 1929년 학생 수가 1,300명에 달했다고 한다. 지금은 불과 32명뿐이다. 학교 규모를 생각하면 너무도 놀라운 숫자이다. 통폐합된다는 이야기도 지속적으로 나오고 있다고 하니 언제 사라질지 모르는 곳이라 더 애틋하다. 낡고 오래된 것에 감탄하는 스태프를 본 학교장이, 이 학교만큼 오래된 이발소가 있으니 한번 가보라고 권한다.

아름다운 담쟁이넝쿨로 덮인 담벼락을 따라 10미터 정도 걸으면 '중앙구내이발'이라고 쓰인 간판이 보인다. 1984년부터 이발업을 하고 있다는 주인이 단골손님 면도를 하시면서 친절하게 설명해 주신다. 원래

光
州

이곳은 광주중앙초등학교 구내 이발관으로, 교직원이나 학생들이 머리를 깎았던 곳이라고 한다. 초등학생 때 이발했던 학생들이 할아버지가 되어서 지금도 찾아오곤 한단다.

주인의 설명을 듣던 안톤이 불쑥 면도해 달라고 한다. 한국에서 15년을 살았지만, 이발소에서 이렇게 전통 방식 그대로 면도하는 걸 보는 게 처음이라 신기했던 모양이다. 뜨거운 김이 모락모락 나는 수건이 안톤의 얼굴에 얹힌다. 촬영으로 지친 몸이 노곤해지는 것 같다. 그 모습을 보는 우리도 같이 노곤해진다. 그 느낌을 아니까 말이다. 오래된 가위, 일등석 부럽지 않은 두툼한 이발소 의자, 키를 높이는 나무판…. 다들 어릴 적 아버지와 이발소에 다니던 추억에 잠긴다.

면도를 끝내고 영화배우 같다며 안톤에게 건네는 이발소 주인의 덕담이 십 년은 젊어진 것 같다는 의미로 받아진다. 칼끝을 통해서나마 서로 교감하였기 때문일까. 안톤이 찍은 이발소 주인의 미소는 포비든 앨리의 다른 어느 사진보다도 더 환하고 싱그럽다.

담쟁이넝쿨로 가득 덮인 이발소는 그 자체로도 아름답다. 이발소 앞을 배경으로 바삐 지나가는 차들을 타임랩스* 카메라로 찍었는데, 100년 넘은 학교, 70년을 향해 가는 이발소를 휘감고 영겁의 시간이 무심히 흘러가는 것만 같다. 가장 기억에 남는 타임랩스 중 하나이다.

타임랩스time lapse는 사전적 의미로는 '영상 빨리 돌리기'이다. 저속으로 촬영하여 정상 속도(real time) 보다 빨리 돌려서 보여주는 특수 영상 기법이다.

아름다운 광주의 옛 부자 마을

광주의 진산 무등산에서 흘러내려 시내 한복판을 가른 뒤 영산강으로 흘러드는 강이 있다. 광주천이다. 이 광주천 바로 옆에 자리한 곳이 양림동이다. '양림'의 어원은 여러 설이 있는데, 광주천에 버드나무가 많아 양림동이라 부른다는 설이 가장 와 닿는다.

광주천을 따라 걸어오다 보면 가장 먼저 '펭귄마을'이라는 표지판이 보인다. 왜 이름이 펭귄마을인가? 이 일대에는 오래되고 낡은 집들이 많았는데, 어느 날 빈집에 불이 나면서 쓰레기가 쌓이고 더욱 흉하게 변하게 되었다. 그때 지금의 펭귄마을 김동균 촌장이 앞장서서 마을 주민과 함께 빈집을 치우고 텃밭을 가꾸기 시작했는데, 40년 전 불의의 교통사고로 불편한 걸음을 걷는 김동균 촌장의 모습이 마치 펭귄 같다고 해서 펭귄마을로 불리게 되었다.

길이가 약 300m인 골목 곳곳에 버려진 생활용품으로 조성한 '정크아트(Junk Art)'가 있는데, 광주에서 가장 뛰어난 도시재생 마을로 꼽힐 만큼 수준이 높다. 관광객도 많이 오는 곳이라 편의시설도 잘 갖춰져 있고, 각종 공연과 방송이 열리고, 예술인들의 공방을 통한 체험학습 등 다채

273

로운 사업이 활발하게 이뤄지는 것 같다. 하지만 오래되고 낡은 예전 골목 모습도 충분히 느낄 수 있다. 재생 혹은 개발이라는 명목으로 골목의 본질을 잃지는 않은 것이다.

이 펭귄마을의 한가운데에 주민들의 사랑방 역할을 하는 가게가 있다. 향수를 자극하는 옛날 과자와 주전부리가 놓여 있고, '막사'라는 인기 메뉴도 있어 막걸리와 사이다를 섞어 칵테일처럼 마시면서 골목을 구경할 수도 있다. 실제로 답사하러 갔을 때 동네 어르신들이 이곳에 모여 계셨는데, 전라도식 김치와 막걸리를 자꾸만 권하셨다. 가게 안을 천천히 둘러보니, 이 가게 자체가 오래된 적산가옥이었다. 가게 주인 이야기로는 70년이 넘었다고 한다. 가게를 찾은 나이 지긋한 어르신들마다 옛날에 살던 집 딱 그대로라며 너무 좋아하신다고 하면서 말이다. 손이 닿지 않는 높은 창문을 기다란 장대로 밀어 여닫는 모습도 인상적이었다.

인심 좋은 주인의 허락을 받아 옥상에도 올라가 봤다. 시점이 바뀌는 것만으로도 느낌이 달라진다. 도시재생사업의 손길이 옥상까지 가 닿지는 않을 것이다. 지상을 거닐 땐 벽화와 정크아트, 관광객을 위한 조형물들이 먼저 눈에 들어오지만, 옥상에서 보니 훨씬 더 낡고 오랜 풍경이다. 옹기종기 모여 있는 장독, 찌그러지고 파손된 채로 남아 있는 지붕… 아마도 이 마을의 원형을 보는 것 같다. 촬영하러 다니다 보면 간혹 도시마다 동네마다 천편일률적으로 재생 사업을 하는 것 같은 느낌도 든다. 하지만 이곳은 누구에게나 권할 수 있을 만큼 과거와 현재, 역사와 예술이 잘 버무려진 마을이었다.

펭귄마을을 지나 언덕길을 오르면 전혀 다른 느낌의 길들이 이어진다. 펭귄마을이 미로처럼 좁고 구불구불한 골목이라면, 언덕 윗길은 비교적 넓고 번듯한 길이다. 고즈넉한 운치가 있어 흡사 북촌 한옥마을에 온 것 같다. 사실 양림동은 광주에서 손꼽히는 부자 마을이었다. 정낙교, 최상현, 이장우 등 광주 5대 부자가 모두 이곳에 살았다고 한다. 이들이 살았던 전통 가옥이 지금도 남아 있는데, 그중 '이장우가옥'이 가장 유명하다.

1989년에 광주광역시 민속문화재로 지정된 이장우가옥은 대문간, 곳간채, 행랑채, 사랑채, 안채 등으로 배치된 '상류 양식'의 기와집이다. 이중 안채가 문화재로 지정되었는데, 안채의 상량문에 "광무 삼년을축이월십일을축시光武 三年乙丑二月十日乙丑時"로 기록되어 있어 1899년에 건축되었음을 알 수 있다. 120년이 훌쩍 넘었다. 축조 당시의 소유자는 정병호이며, 1959년에 이장우가 사들였다.

'상류 양식'이 뭔가 했는데, 특별한 건축양식이 아니고 권세가나 상당한 재벌이 가졌을 만큼 웅장하고 화려한 가옥이라 한다. 과연 팔작지붕 기와집으로 500여 평의 대지에 웅장하게 건축되어 있고, 마당에는 큰 연못이 있는데, 그 한가운데에는 돌거북이 있다. 이 거북은 큰 돌을 통째로 조각한 것으로, 황소 수십 마리가 동원되어 돌을 날랐다고 한다. 하지만 이런 설명과는 달리 전혀 위압적이지 않다. 어쩌면 한껏 위세를 보이려 했지만, 그마저도 서양 건축에 비하면 포용적인 동양 건축의 특성인지도 모르겠다. 우리에겐 그저 매우 아름다운 한옥이었다. 안톤은 이곳을 여러 번 와 봤는데, 단연 광주에서 가장 아름다운 한옥으로 꼽았다. 자연이 아니지만-분명 사람들이 만든 인공 건축물이니까- 오랜 세월이

光
州

흘러 이제는 자연과 하나가 되어버린 그런 건축물이었다. 이장우가옥의 툇마루에서 때로는 눈을 감고, 때로는 한옥을 바라보며 우리는 모두 치유의 시간을 가졌다.

이장우가옥에서 다시 더 위로 언덕을 오르면 작고 아담한 미술관이 나온다. 사실 양림동은 시인 김현승, 음악인 정율성 등 많은 문화예술인을 배출한 곳이기도 하다. 광주를 대표하는 화가 중 한 명인 한희원도 이곳에서 태어났다. 작가는 2015년에 한옥을 개조해서 작고 아담한 미술관으로 조성했다. 샤갈이 연상되는 밝고 화려한 색감의 작품들이 전시되어 있다.

가장 눈에 띄는 것은 양림동을 그린 작품들이다. 언덕 너머 하늘에선 노을이 지고, 언덕 아래 집들에는 따스한 불들이 켜져 있다. 그림도 정감 어리지만, 무엇보다 액자가 특이하다. 한희원 작가는 어릴 때 뛰어놀았던 양림동의 옛집들이 재개발로 철거되는 것을 안타깝게 바라보다가 포크레인이 난무하는 철거 현장을 직접 다니며 어릴 적 친구들 집 창틀을 수집하기 시작했다. 그렇게 모은 창틀을 액자로 만들고, 지금은 사라진 삼사십 년 전 양림동의 마을 풍경을 그려 넣은 것이다.

설명을 듣고 보면 붓 터치 하나하나가, 창틀의 먼지 하나하나가 허투루 보이지 않는다. 유년의 추억을 보존하려는 작가의 마음이 느껴지는 것 같다. 골목을 돌아다니다 보면 누구나 유년의 추억 속으로 걸어 들어갈 때가 있다. 이를테면, 옥상의 빨래를 무심코 보고 있자니 어릴 적 옥상이 떠오른다.

277

Cheonbyeonjwa-ro 446beon-gil

'그 옥상에 빨랫줄이 있었지. 아! 그리고 빨랫줄이 처지지 않도록 줄 가운데를 받치는 기다란 나무가 있었어. 어린 나는 그 나무가 신기했던 지 나무를 이쪽으로 저쪽으로 기울이며 놀았지.'

특별한 기억도 아니다. 평생을 잊고 살았는데 불현듯 떠오른 것뿐이다. 이렇게 유년의 한 장면 속을 다녀오고 난 후 느껴지는 것은 무한한 그리움과 따뜻함이다. 이것이 골목이 가진 분명한 매력이다.

광주천에서 펭귄마을까지, 그리고 이장우가옥을 지나 한희원미술관 까지 모두 걸어 다닐 수 있을 만큼 가까운 거리다. 하지만 양림동의 매력은 다채롭다. 미로처럼 끝없이 이어진 좁고 구부러진 골목, 한옥 마을 같은 세련되고 우아한 길, 그리고 사라져 가는 골목을 기록하는 화가의 그림까지….

한두 시간만으로 광주 골목의 매력을 만나보고 싶다면 양림동이 제 격이다.

光
州

우일선선교사사택, 그리고 '안톤 슐츠'의 이야기

이번에는 한희원미술관에서 우일선선교사사택으로 발길을 옮겼다. 우일선은 미국인 선교사로, 미국명은 윌슨R. M. Wilson이다. 양림동은 1904년, 광주에서 서양 문물이 가장 먼저 들어와 정착한 곳으로, 유진 벨Eugene Bell, 한국명 배유지, 오웬Clement C. Owen, 한국명 오원 또는 오기원 등 선교 사들이 모여 교회, 학교, 병원 등을 개설함으로써 서양 선교사들의 흔적 이 생생하게 남아 있는 근대 문화유산의 보물 창고이기도 하다.

우일선선교사사택으로 오르는 길은 꽤 가파르다. 골목 여행이라기보 다 흡사 '등산'하는 기분마저 든다. 고생한 만큼 보람은 크다. 뒤를 돌아 서면 아래로 양림동이 한눈에 내려다보인다. 이 동네를 굽어보는 신의 따뜻한 시선을 상상하게 된다. 서양 선교사들이 평지가 아닌 지대가 높 은 곳에 선교 시설을 지은 것은 인근에 광주 부자들이 많이 살아 선교 활 동에 유리했고, 무엇보다 당시 사람들은 이렇게 높은 지대에 집을 짓지 않아 사택이나 병원을 지을 만한 땅이 많았기 때문이라고 한다.

이렇게 높고 외딴곳에 우일선선교사사택이 있다. 우리가 도착했을 때

光
州

는 '가을의 절정'이라고 여겨질 만큼 단풍이 아름다웠다. 그 붉은색 단풍길을 헤치고 계단을 오르자 회백색 벽돌로 된 아름다운 이층집이 밑에서부터 위로, 발걸음에 맞춰 조금씩 조금씩 드러났다. 정말 그림 같은 풍경이다. 1989년에 광주광역시 기념물로 지정된 우일선선교사사택 1층은 거실과 부엌 등의 공용공간으로, 2층은 침실 등 사생활 공간으로 이루어져 있다.

1920년대에 지은 광주에서 가장 오래된 서양식 건물로, 당시 사람들의 눈에는 얼마나 신기하고 또 한편으론 낯설었을까. 그때는 서양인들이 아기를 데려가 약을 만든다는 흉흉한 소문까지 퍼져 있었다고 한다. 그래서 선교사들은 사택 건설을 선교의 '기회'로 삼았다. 건설 인부를 모두 한국인으로 고용하되, 매우 후한 임금을 주었다. 무엇보다 우일선은 선교사이자 의사로서, 당시 천벌로 여겨지던 한센병 환자들을 평생 친가족처럼 보살피며 자활의 기반을 마련하여 주었다고 하니, 그보다 더한 선교가 있었을까.

우일선선교사사택이 선교 목적으로만 활용된 것은 아니다. 이 사택은 서양 문물에 관심이 있는 사람이라면 누구에게나 문을 활짝 열어 집을 둘러보고 이런저런 대화를 나눌 수 있게 했다고 한다. 바로 이 점이 섬세한 안톤의 마음을 두드린 모양이다. 100년 전에 이곳은 동양과 서양이 만나 교감하던 장소였다. 그런데 오늘은 독일인인 그가 광주 골목의 매력을 전하고 있는 것이다. 마치 타임 슬립*처럼 같은 공간을 두고 100년

의 시간이 교차하는 것 같다.

내친김에 안톤에게 물었다. 그는 왜 이곳 광주에서 15년째 살고 있는 것일까? 그는 1994년 한국에 처음 왔는데, 놀랍게도 그 이유는 선불교 때문이었다. 어릴 때부터 태권도를 배우며 자연스레 동양에 대한 관심이 커졌는데, 태권도 도장에 오신 우리나라 선불교 스님을 알게 되면서 한국에 가보기로 결심하게 되었다고 한다. 선불교를 공부하며 한국과 독일을 오가다 2004년 조선대학교에서 근무하게 되면서 광주에 살게 되었고, 2016년에는 아예 광주에 집을 짓고 평생 살 생각을 하게 되었다고 한다.

우리가 골목을 돌아보며 옛 추억에 잠기듯, 안톤도 광주의 옛 골목을 보며 1994년 한국에 처음 왔을 때의 정이 넘치던 한국 사회를 그리워하고 있었다. 많은 것이 변했고, 이방인인 안톤의 눈에는 그게 더 크게 다가왔을 것이다.

'만약 1994년이 아니라 바로 오늘 공항에 내려 한국 사회를 처음 만난다면 과연 한국에서 평생을 보낼 결심을 할 수 있을까?'

안톤은 자신에게 종종 질문해 본다고 한다. 답은 부정적이다.

재개발이라는 명목으로 낡은 골목들이 사라지고 그 자리에 아파트가 들어선다면 도시의 영혼은 점점 메말라 가고, 이곳이 서울인지 광주인지 부산인지 구별하지 못할 것이라고 말하는 그이다. 모든 도시는 개

타임 슬립time slip은 우연한 계기 또는 초자연적인 현상을 통하여 과거와 현재, 미래를 오가는 시간 여행 또는 그런 현상을 말한다. 타임머신을 이용한 기계적인 시간 여행과는 구별된다.

光
州

성이 있고, 골목은 그 도시의 개성과 정체성을 가장 뚜렷이 보여주는 장소라고 힘주어 말한다. 듣고 있는 나의 마음에 떨림이 있다. 프로그램을 기획한 나보다도 더 쉽고 더 정확한 언어로, 프로그램의 본질을 설파하고 있다.

안톤은 사실 매우 인기 있는 출연자이다. 사전 미팅을 할 때 그를 찾는 전화가 계속 울렸고, 전해 들은 그의 스케줄은 거의 잘나가는 연예인 수준이었다. 왜냐하면, 그는 한국인보다 한국말을 더 잘하는 외국인 출연자로 유명하고, 모델 같은 외모이기 때문이다. 사실 안톤을 섭외한 큰 이유이기도 하다. 하지만 골목에 대한 그의 생각과 나름의 철학에 비하면 아무것도 아니었다.

사라져 가는 것들의 가치를 우리는 모를 수도 있다. 너무 익숙하고 흔해서 쉽게 택하지 못하는 건지도 모른다. 한 번 사라지면 다시는 되살릴 수 없는 것들을 말이다. 안톤의 묵직한 메시지를 경청하고 음미하고 고민해야 한다고 생각한다. 그는 건강하고 씩씩한 목소리로 확신에 찬 메시지를 우리에게 전한다. 100년 전의 선교사들이 그랬듯이 말이다.

광주의 골목을 통해 본 5·18 이야기 (1)
구 동구청 골목

앞서 광주를 '예향', '예술의 도시'라고 했지만, 광주 하면 5·18을 떠올리지 않을 수 없을 것이다. 사진작가로 함께하기로 한 안톤이 마침 독일방송연맹ARD*에서 저널리스트로 활동한 경력이 있다. 영화 〈택시운전사〉의 실존 인물로 잘 알려진 위르겐 힌츠페터가 5·18민주화운동 당시 광주의 진실을 전 세계에 알린 ARD 기자였으니, 안톤은 그의 직속 후배인 셈이다.

'5·18민주광장'을 출발점으로 하였다. 이곳은 1980년 5월 광주에서 가장 뜨거웠던 곳으로, 뒤로는 옛 전남도청이 있고 앞으로는 그 유명한 금남로가 곧게 뻗어 있다. 옛 전남도청을 돌아보면 총탄 자국이 지금도 선명하다. 수많은 시민의 집회 장소였던 분수대도 가까이에서 볼 수 있

독일방송연맹ARD: Arbeitsgemeinschaft der öfentlichrechtlichen Rundfunkanstalten Deutschlands은 1950년에 결성한 방송 단체로, 독일 각 주의 공영 방송이 연합하여 네트워크를 이루고 있다.

光
州

光
州

숙의거리 >

다. 하지만 우리는 '골목'을 찾아 나서야 한다.

광장을 뒤로하고 금남로를 따라 계속 걸어가면 '유네스코 민주인권로'라는 표지판이 나온다. 유네스코가 세계에서 두 번째로 지정한, 민주주의를 기념하는 도로라고 한다. 여기서 오른쪽 골목으로 들어가면 어학원들이 밀집되어 있어 흡사 서울의 종로에 온 것 같다. 1980년 5월 당시 금남로에서 목소리 높여 외치던 시민들이, 쫓아오는 계엄군을 피해 바로 이 골목으로 숨어들었다. 아무래도 시민들은 계엄군보다 이곳 지리를 잘 알기 때문에 건물 안이나, 골목 깊숙이 들어갔을 것이다. 다시 왼쪽으로 접어들면 한층 더 좁은 골목이 나오는데, 이곳이 바로 구 동구청 골목이다.

광주를 대표하는 가장 유명한 도로인 금남로에서 고작 두 번 꺾어 들어왔을 뿐인데, 이 골목은 마치 시간이 멈춘 듯하다. 과거 구청이 있었던 곳이라 그런지 청국장, 생선조림, 삼계탕, 찌개백반 등 어르신들 입맛에 맞는 음식점 거리가 형성되어 있다. 유독 한 가게 앞에서 발길이 멈춘다. 영홍식당⋯ 한눈에 보아도 가장 오래되었다. 마치 옛날 영화에서 튀어나온 것 같이 낡고 처연하다. 반가운 마음에 들어가보려 문을 열어보지만 잠겨 있다. 창문을 열어 들여다 보니 폐업하고 가게를 비운 지 오래다. 한자리에서 30년을 하다 2018년 여름에 문을 닫았다고 한다. 왜 다른 가게가 생기지 않고 그대로 남아 있을까? 구도심의 쇠락을 보여주는 것 같다. 하지만 지금도 그대로 남아 있는 흔적들 즉, 가게 상호가 적힌 간판, '고등어구이', '삼치구이', '오징어초무침' 등이 적힌 메뉴판, 생선 굽는 화로 등이 정감이 그득하다.

光
州

좀 더 걸어가면 난초가 그려진 병풍, 서예 액자 등이 길가에 놓여 있다. 골동품을 좋아하는 안톤이 그냥 지나칠 리 없다. 가게 안으로 들어가 보니, 한 어르신이 표구 작업을 하고 있다. 사실 처음에는 표구하는지 몰랐다. 체구가 작은 어르신이 아예 책상 위에 올라가서 칼로 종이를 자르고 계셨다. 무릎 꿇은 모습이 기도하는 듯 경건하게 보였다. 무슨 작업을 하시냐고 물었더니, '표구'는 서화에 종이나 비단을 발라 족자·액자·병풍 등의 형태로 꾸미는 일이라고 한다. 즉, 글을 쓰거나 그림을 그리는 작업이 아니고, 글이나 그림을 가져오면 그것을 액자나 병풍으로 만드는 작업만 하는 곳이다. 완성된 액자나 병풍을 파는 곳과도 다르다.

40년 넘게 같은 자리에서 표구 작업을 해 온 주인의 말이, 이 골목이 늙어가듯 표구사도 예전 같지 않다고 한다. 표구사의 고객은 주로 남성인데, 과거와 달리 지금은 여성이 경제권을 쥐고 있어 표구 일감이 줄었다는 주인 나름의 분석이 재미있다. 요즘 아내들은 '뭐 이런 걸 사 왔어요?'라며 구박한다는 것이다.

1977년부터 이 자리를 지켰으니, 1980년 5월을 기억할 법하다. 이 거리에도 총성이 울려 퍼졌고, 학생들이 이 골목으로 쏟아졌다. 그리고 이 표구사에도 학생들이 숨어들어 왔다고 한다. 가게 앞까지 나와 이곳저곳을 가리키면서 설명하는데, 40년이 흘러도 마치 어제 일처럼 기억이 생생하다고 한다. 지금은 쓸쓸하기까지 한 조용한 골목이 되었지만, 예전의 함성과 총성의 소용돌이가 눈앞에 그려진다.

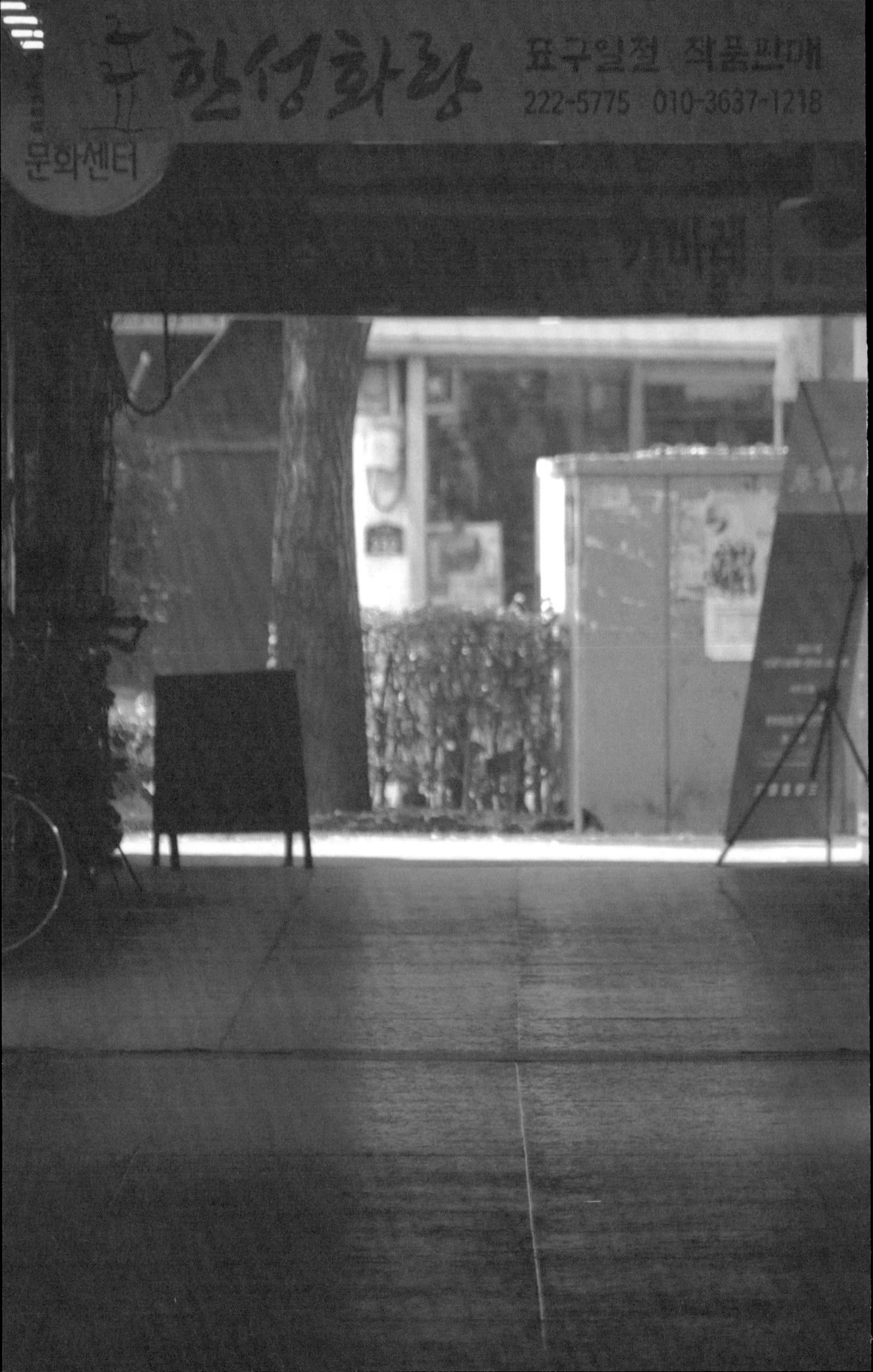
한성화랑
표구일절 작품판매
222-5775 010-3637-1218
문화센터

골목길 왼편에 서 있는 큰 건물이 바로 구 동구청 건물이다. 과거 중앙시장 건물로도 쓰였고, 지금은 광주시립미술관 금남로 분관으로 사용하고 있다. 건물 안 1층 복도를 걸어본다. 터널처럼 어둡고 깊다. 그 터널의 끝은 다시 금남로다. 세련된 건물들을 배경으로 최신의 자동차들이 쌩쌩 질주하는 흔한 도시의 모습이다. 이 터널의 한쪽 끝은 1980년대의 풍경이고, 또 한쪽 끝은 2022년이다.

터널 끝 밝은 햇살에 현기증이 났다.

독립로
284-2

광주의 골목을 통해 본 5·18 이야기 (2)
5·18시계탑

구 동구청 골목에서 이번엔 오른쪽으로 꺾어 다시 한참을 걸어가면 대인시장이 나온다. 대인시장은 한국전쟁 이후 형성되기 시작한 광주의 대표적인 시장이다. 1996년 버스터미널 이전을 기점으로 쇠퇴의 기미를 보였는데, 2008년 '광주비엔날레'를 맞아 대인시장의 빈 점포를 전시 공간으로 이용하는 '복덕방 프로젝트'를 추진했다. 그야말로 시장과 예술의 만남이었다. 이렇게 전시되었던 작품 가운데 일부는 광주비엔날레가 끝난 뒤에도 철거하지 않았고, 작가들이 빈 점포를 작업장이나 전시 공간으로 계속 임대하면서 대인시장은 자연스럽게 '대인예술시장'이 되었다.

시장을 구경하다 보면 천장에 헤엄치는 대형 돌고래 조형물과 약초 파는 가게 맞은편에서 느닷없이 갤러리를 만나게 된다. 건어물 가게 앞을 지나는데, 철사로 만든 오징어와 새우 조형물이 너무 센스가 넘친다는 생각에 한 어머니께 말을 건네 본다. 옆집에 사는 '작가 선생님'들이

光
州

州

光

298

만들었다며, 진열대도 짜주고 아들 같아서 너무 좋다고 하신다. 1979년부터 이 자리에서 건어물을 팔아 오셨다는데, 그날의 광주를 어떻게 기억하실까?

배고픈 시위대를 위해 시장 상인들이 김밥을 만들어 나눠 주었다는 이야기는 사실이었다. 어머니도 김을 많이 기부하셨다. 김밥과 주먹밥을 만들어 머리에 이고 가서 학생들에게 나눠 주었다. 어머니 역시 40년 전 일인데도 어제 일마냥 잊을 수가 없다고 하신다.

"나만 못 잊는 게 아니라, 광주 사람들은 다 못 잊어요. 아이들이 너무 많이 죽어서 잊을 수가 없지."

시장통을 다니다 보면 상가들 사이로 좁은 골목이 보인다. 장 보러 와서 일부러 이곳에 들어가지는 않을 것이다. 벽에 그려진 고양이 그림을 마치 비밀 접선의 신호처럼 여겨 한번 들어가 본다. 시장통 절반 정도의 폭으로 골목이 좁아진다. 분주한 시장통과 확연히 다른 조용한 분위기지만, 이곳에도 가게들이 있다. 물건을 파는 가게는 아니다. 아는 사람들만 들어오는 곳이니만큼 시장 상인들이 이용하는 작은 찻집, 의상실이 사이좋게 맞대고 있다.

'유미의상실'이라고 적힌 이 간판 역시 시장에 사는 화가의 작품인 듯 화사하다. 그냥 지나치려다 '수의'라는 단어가 눈길을 끈다. 정말 그 수의인가? 한눈에도 80은 넘어 보이는 할머니 한 분이 재봉틀을 바삐 돌리고 계신다. 마치 손자라도 맞이하듯 스스럼없이 반기신다. 수의 좀 보여주실 수 있냐고 하니, 찬장 가장 높은 곳에 있는 수의를 내려 보여주시

光
州

는데, 할머니 키가 마치 모델처럼 크다. 수의가 원래도 자주 팔리는 물건은 아니지만, 최근에는 며느리들이 수의 보는 걸 무서워해서 거의 팔리지 않는다고 한다. 훤칠한 키와 세련된 모습의 할머니라, 어떻게 양장점을 하게 되었는지 물어보았는데, 살짝 후회하는 마음이 들 정도로 할머니의 인생이 대하드라마다. 1935년생으로, 스물여덟 살 때 양장학원에 다니면서부터 양장 일을 시작하였다고 한다. 할머니가 기억하는 1980년 5월은 어떨까? 양장점 셔터를 내리고 있는데, 작은아들이 시위대 차에 타고 다니는 것을 알게 되었다. 누구 한 명이 총에 맞았다는 소식을 듣고 가슴이 내려앉았다. 차에서 아들을 끌어내려 집에 데려다 놓고는 어디 못 가게 발에 족쇄를 채우고 싶은 마음뿐이었다.

"어디 가지 말고 집에 있어야 혀."

아무리 당부했지만, 고작 고3밖에 안 된 아들은 계속 시위에 참여했다. 사람들이 손뼉을 치며 격려해도 할머니는 그저 무섭기만 했다고 한다.

할머니의 모습을 사진으로 담는다. 스스럼없이 수의를 몸에 휘감고 천진난만하게 포즈를 취하시는 할머니의 모습을 보면서, 할머니에게는 죽음이 두려움의 대상이 아니라 함께 늙어 가는 친구 같다는 생각이 들었다.

다시 5·18민주광장으로 돌아왔다. 처음의 장소로 돌아온 것이다. 해가 저물어 분수대 옆 5·18시계탑의 시각은 오후 5시를 향해 간다. 시계탑에서는 매일 오후 5시 18분이 되면 〈임을 위한 행진곡〉이 울려 퍼진다. 당시 민주화를 위해 희생된 분들을 추모하는 의미이다. 이 시계탑은

1980년 5월에도 지금과 같은 자리에 서 있었다. 그래서 이 시계탑을 주제로 "시계탑은 알고 있다"라는 기사가 큰 반향을 불러일으켰는데, 이를 못마땅하게 여긴 신군부는 한밤중에 시계탑을 다른 곳으로 옮겨버렸다. 2015년에야 시계탑이 제자리로 돌아와야 한다는 시민들의 요구로 본래의 자리로 다시 돌아오게 된 것이다.

안톤은 그의 방송국 선배이자, 5·18의 참상을 처음 보도한 독일의 위르겐 힌츠페터 기자가 이 시계탑에 관해 한 말을 소개한다.

"It is absolutely important to keep the clock tower as a witness for the generations to come. It is a memorial for freedom and a sign of the start of democracy of Korea."

(시계탑이 모든 것을 알고 있다는 사실은 반드시 계속 전승되어야 한다. 시계탑은 자유의 기념물이자 한국 민주주의의 시작을 상징하는 것이기 때문이다.)

그의 말에 격한 울림이 있음을 나도 알고 그도 안다.

우리가 이렇게 포비든 앨리 광주의 마지막 클로징을 찍고 있을 때, 때마침 5·18민주광장에는 작은 축제가 열리고 있었다. 젊은이들이 모여 음악에 맞춰 춤을 추고 노래하고 있었다. 그날의 희생이, 헌신이 있었기에 오늘날 우리가 민주주의라는 '성취'를 즐기고 있음을 깨달을 수 있었다. 많은 분을 만나 직접 전해 들은 그날의 이야기들이 그렇게 드라마틱하거나 대단히 새롭게 알게 된 것은 아닐지라도, 분명한 것은 40년 전의

光
州

일을 마치 어제 일처럼 기억하고 계신다는 것이다. 우리가 다녀온 곳뿐
아니라, 광주의 골목에서는 아마 어디서든 그런 이야기들을 들을 수 있
을 것이다.

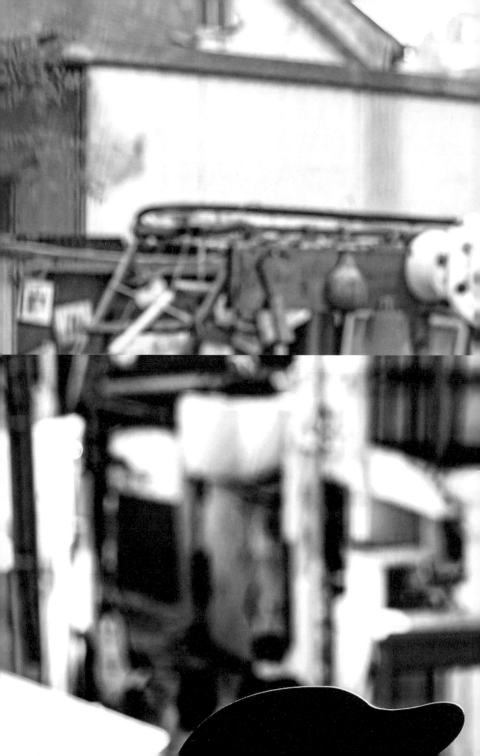

木

목포 ————

浦

어상자에 담긴 세월

'어. 상. 자?'

부산에서 나고 자란 스태프에게도 '어상자'란 단어는 생소하다. 하지만 눈으로 보면 바로 안다.

'아! 그 살구색의 가벼운 나무상자를 어상자라고 부르는구나!'

바다에서 잡아 온 생선을 담아 유통하기 위한 용도이다. '항구도시 목포' 편에 너무도 적합한 아이템이 아닌가!

이 아이템을 미리 알고 있는 피디에게는 아까부터 계속 어상자가 눈에 밟힌다. 오프닝을 찍은 목포항에서도, 손님맞이 채비로 분주한 목포종합수산시장에서도 어상자가 계속 보인다. 눈 밝은 시청자를 위해 복선처럼, 보이는 대로 어상자를 찍으며 나아갔다.

마침내 목포항에서 도보로 600미터 남짓 거리에 자리한 '금화 어상자'라는 점포에 도착했다. 가게에 들어서자마자 나무 향이 코를 자극한다. 주말인데도 세 분이 분주히 일하고 있다. 열심히 진두지휘하는 분은 이 가게의 주인인 고령의 박종연 할아버지다.

할아버지의 고향은 전남 진도군 조도이다. 서른두 살 때 자식 교육을 위해 목포에 오셨다. 처음에는 남의 땅을 빌려 어상자 작업장을 운영하다가 지금의 자리에 정착한 지는 20여 년이 되었다. "아이고 서울 사돈이 보시면 안 되는디…."라며 염려할 만큼 스스로 험한 일이라 여기지만, 한편으로는 이 작업장에서 1남 5녀를 올곧이 키워냈다는 고마움과 자부심이 엿보인다.

눈앞에 가득 보이는 어상자에 대한 궁금증부터 먼저 풀어본다. 이 어상자 하나의 가격은 1,700원이다. 생선 담는 상자는 나무로 만들어야 생선이 잘 썩지도 않고 손상이 덜 된다고 한다. 숙련된 손놀림으로 사각형 나무판에 핀을 박으면 30초 만에 어상자 하나가 뚝딱 만들어진다. 예전에는 망치로 만들었다고 하는데, 지금은 마치 스테이플러로 찍듯이, 공기 압축이 된 총 같은 장치로 쏘아서 만든다. 후각적으로는 나무 향이, 그리고 청각적으로는 에어건 쏘는 소리가 이 공간을 가득 메운다.

어상자는 점점 사라져 가고 있다. 한창때에 비하면 지금은 3분의 1로 작업량이 줄었다고 한다. 플라스틱 어상자가 점점 장악해 가고 있다. 어상자에 담을 어획량 자체가 줄어드는 것도 한 요인이다. 과거 15개소에 달했던 목포의 어상자 공장은 지금은 네 개까지 줄어들었고, 이곳은 그 중 하나이다.

그런데 배달 나가기 위해 대기 중인 손수레에 실린 어상자의 양이 엄청나다. 도대체 몇 개나 실린 걸까? 힘깨나 쓰던 젊은 시절에는 천 개를 한 번에 실어 날랐다고 하는데, 어디까지가 농인지 진담인지 구별이 안

木
浦

된다. 지금은 손수레 하나에 200개 남짓 싣는다고 하는데도, 흡사 거대한 산처럼 쌓여 있다. 목포 편 주인공인 미국인 사진작가 캐머런이 들어보더니 무겁다며 고개를 절레절레 흔든다. 20대의 건장한 청년이라도 일머리 없이 나르기에는 벅찬 모양이다.

사실 캐머런에게는 촬영 첫날 첫 번째 아이템이라 잔뜩 긴장한 표정이 역력했는데, 촬영하면서 점점 표정이 풀린다. 우리말이 서툴다기에 내심 걱정했는데, 의외로 할아버지와는 대화가 잘된다. 할아버지도 "허! 외국서 와도 우리말을 곧잘 허요!" 하시며 연신 신기해했다.

무엇보다 캐머런의 표정이 밝아진 이유는 이곳이 사진 찍기 좋은 곳이기 때문이다. 수십 년 손때가 묻은 도구며, 나무의 질감이 살아 있는 어상자가 입체적으로 여기저기 기하학적으로 쌓인 모습은 사진작가들을 흥분하게 하는 모양이다. 어상자 작업장의 이곳저곳에서 사진을 찍는다. 사진뿐 아니라, 영상으로도 좋은 그림이 많았다. 바닷가 옆 낡은 가게를 배경으로 어상자가 가득 실린 손수레가 있고, 캐머런이 옆에서 걸어 나와 사진을 찍는 장면은 '포비든 앨리' 여기저기에 많이 썼을 만큼 내 마음에 쏙 드는 '베스트 컷'이었다.

'라스트 컷'은 바로 어상자 작업장에서 평생을 보낸 박종연 할아버지 사진이다. 카메라 앞에서 포즈를 취하기란 상상해보면 어색한 일이다. 아마 도착하자마자 먼저 말하지 않았다면 절대 응하지 않으셨을 것이다. 짧다면 짧은 시간이지만, 지난 인생을 반추하며 이런저런 이야기를 나누면서 자연스레 일어난 '교감'이 있었기에 가능하지 않았을까 한다. 캐머런이 정성 들여 찍은 사진에는 어상자가 250원이었던 시절부터 지

313

금까지 하루도 빠짐없이 새벽 네 시 반에 나오신다는 박종연 할아버지의 삶이 담긴 것 같다.

　아는 만큼 보인다고, 이름도 생소했던 어상자가 이날 이후 목포를 여행하면서 이곳저곳에서 계속 눈에 띄었다. 목포의 가장 마지막 아이템이었던 '목포진'으로 올라가는 골목에서도 어상자를 다시 만났다. 이곳은 바닷가 근처가 아니라 목포 전경이 보이는 고지대인데도, 낡은 여관 사이에 버려진 어상자가 놓여 있었고, 그 좁은 틈에서는 녹색 풀이 자라고 있었다. 화려했던 지난날의 영화를 간직한 목포처럼, 쉴 새 없이 생선을 날랐던 어상자는 이제 이곳에서 새로운 생명을 품고 세월을 견디고 있었다.
　목포 골목을 여행한다면 숨은그림찾기 하듯 어상자를 꼭 찾아보기 바란다.

시화 골목에서 만난 색소폰 연주

목포에서 가장 유명한 골목이라면 단연 서산동의 시화 골목이다. 부산의 감천문화마을, 통영의 동피랑에 버금가는 곳이랄까. 영화 〈1987〉의 여주인공 연희가 살던 '연희네 슈퍼'가 바로 이곳에 있다. 전국에서 가장 성공한 도시재생 사례 중 하나이고, 이미 마을 입구는 대형 버스도 들어올 수 있는 주차장이 조성되고 있다. 이미 널리 알려진 유명한 골목이라면 굳이 우리가 방송에서 다룰 필요가 있을까? 모두가 아는 유명한 맛집을 굳이 방송으로 소개하지 않는 것처럼 말이다.

하지만 시화 골목은 목포를 찾아오기 전에 누구나 상상하던 바로 그대로의 골목이다. 평지가 아닌 언덕 위에 있어 목포의 바다가 잘 보이는 곳이다. 헉헉대며 가파른 골목을 오르다가 어디서든 뒤로 돌아서기만 하면 목포의 햇살이 파도와 만나 이루는 아름다운 너울을 볼 수 있다. 왜 이곳이 인기 있는 곳인지 단박에 이해되는 그런 장면이다. 이렇게 사람들이 원하고 기대하는 부분을 채워주는 것도 중요하다. 물론 거기에서 멈춰서는 안 된다. 우리는 이 골목에 사는 사람들을 통해 관광객들이 들

木
浦

을 수 없는 보석 같은 이야기를 청해 들을 수 있었다.

마을 입구에서 만난 85세의 김금석 어르신을 통해 이 마을의 유래를 들을 수 있었다. 이 시화 골목에는 주로 선원들이 살았다고 한다. 어르신도 66세 때까지 30년이 넘게 목포항에서 배를 몰고 나가 물고기를 잡았다. 그래서 이 골목의 황금기를 기억한다. 지금 사는 집 건물 전체에 한때 무려 27가구가 살았다고 한다. 선원들이 하도 많이 밀려들어 와서 아무리 조그만 쪽방이라도 만들기만 하면 세를 받을 수 있었던 시절의 이야기이다.

어르신의 모습을 사진으로 담으려는데 갑자기 고양이가 어르신의 무릎에 턱 올라간다. 개처럼 애교가 많고 사람을 잘 따르는 고양이라서 그럴 수도 있지만, 어르신의 자상한 인품이 드러나 보이는 것 같다. 골목에는 자주 고양이가 있고 그때마다 사진으로 담아 두었지만, 이렇게 천연덕스레 무릎에 안긴 고양이는 처음이다. 캐머린도 목포에서 찍은 사진 중에서 이 사진이 기억에 가장 남는다고 했다.

이제 본격적으로 가파른 길을 오른다. 조금 전진하면 갈림길이 나오고, 그중 한 길을 골라 전진하면 또 갈림길이 나온다. 마침 숨이 턱에 걸릴 때 '골목전집'이라 적힌 목간판이 보인다. 커피든 술이든 목을 축일 수 있는 곳이다. 들어서자마자 가장 먼저 보이는 것은 탁 트인 바다이다. 왜 이곳에 가게를 차렸는지 바로 이해된다. 주인아주머니의 특기는 파전이라 해서 주문해 놓고 기다리며 가게를 천천히 둘러본다.

木
浦

벽부터 천장까지 가득 메운 낙서들에 우선 눈이 간다. '누구누구 왔다 갔소' 하는 평범한 문구부터, 가슴을 후벼 파는 명언도 적혀 있다.

"구름은 바람 없이 못 가고, 인생은 사랑 없이 못 가네."

"알코올이 올라오면 인생이 춤춘다."

캐머런이 직접 고른 명언이다. 언어가 달라도 바로 이해되는 모양이다. 그러곤 한쪽 벽에 걸린 사진들이 눈에 띈다. 이곳을 찾은 손님들의 모습이다. 처음에는 손님들이 직접 찍은 것인 줄로만 알았다. 그래서 손님들의 사진을 어떻게 받았는지 물으니, 놀랍게도 주인아주머니가 직접 찍은 것이라고 한다. 사진 찍기를 좋아하셔서 손님들이 오면 사진 찍어도 되는지 여쭙고 사진을 찍어 걸어 둔다고 한다.

내친김에 서로 사진을 찍어주기로 한다. 캐머런이 주인아주머니를 찍고, 주인이 캐머런을 찍는다. 서로 견주어 보는 모습이 재미있다. 휴대폰에 담긴 사진을 바로 인화해서 벽에 걸어 놓으신다. 요즘은 누구나 꽤 괜찮은 사진기를 들고 다니는 셈이다. 그래서 좋은 사진을 찍는 법에 관심이 높다. '포비든 앨리'는 '골목'을 소재로 한 프로그램이지만, 한편으로는 '사진'에 대한 프로그램이다. 이 프로그램을 통해 좋은 사진을 찍고 감상하는 방법이 전해지길 바라는 것이 기획 의도이기도 하다. 이렇게 목포의 골목에서 사람들의 사진을 찍어 전시하는 '골목전집' 주인아주머니는 이미 훌륭한 사진작가인 셈이다.

힘차게 언덕을 오르면 정상이라 불러도 좋을 것 같은 언덕 위에 도착한다. 그런데 이 높은 곳에 웬 캠핑카가 보인다. 그냥 정차해 둔 것이 아니라, 집 위에 캠핑카가 얹혀 있다.

'아니 세상에 이런 일이!'

주인은 2010년에 중고 캠핑카를 구해서 10년 동안 전국을 돌아다니다가 그만 고장이 났는데, 정이 들 대로 든 캠핑카를 폐차할 수 없어서 바퀴를 떼어내고 차의 몸통 부분만 집 위에 올려 일종의 다락방으로 꾸몄다고 한다. 허락을 받고 안에 들어가 구경해 보니, 각종 조리 기구와 싱크대가 먼저 눈에 들어온다. 전망이 좋다 보니 자주 이곳에서 차를 끓여 마신다고 한다. 그다음에 눈에 들어오는 것은 키보드, 색소폰 등 악기와 노래방 반주 시설이다. 사실 그냥 여행하러 전국을 돌아다닌 것이 아니라, 음악 여행을 했다는 것이다. 해병대 군악대 시절 이후로 음악을 놓지 않고 살아왔다는 것이다. 조심스레 한 곡을 청하니, 색소폰으로 〈목포의 눈물〉을 연주해 주신다. 목포의 바다가 한눈에 들어오는 이곳 언덕에서 이 곡을 듣다니…. 참으로 특별한 순간이다. 찰칵! 색소폰을 신명 나게 연주하는 주인의 모습을 사진에 담는다.

목포의 시화 골목은 첫눈에 봐도 아름다운 골목이다. 하지만 골목 여기저기에서 만난 사람들을 통해 이 골목에서의 삶을 느껴볼 수 있었다. 바다를 평생의 일터로 보낸 한 선원의 이야기, 바다가 보이는 곳에서 사람들을 대접해 온 이야기, 전국을 돌아다니다 이제 조용히 자리 잡은 음악이 있는 삶의 이야기…. 소문난 맛집이 실망을 주기도 하지만, 고개를 끄덕이며 수긍하기도 하지 않는가.

이 시화 골목은 바로 그런 곳이었다.

木
浦

목포 ——— 해안로

따뜻할 '온' 자에 비단 '금' 자를 붙여 지은
온금동 '다순구미' 골목

서산동 시화 골목 바로 옆에 자리한 온금동에는 '다순구미'라 불리는 골목이 있다. 시화 골목이 전국적으로 유명한 맛집이라면, 다순구미 골목은 숨은 맛집이다. 관광객을 위한 표지판도 없고, 으레 도시 재생의 손길이 닿은 곳이 그렇듯 흔한 벽화가 즐비하지도 않다. 그저 조용하고 한적한 골목이다. 다른 점만 있는 건 아니다. 둘 다 경사가 급한 언덕에 있어 목포의 바다가 내려다보이는 예쁜 골목이라는 점이다.

따뜻할 '온' 자에 비단 '금' 자를 붙여 이름 지은 온금동은 한자 그대로 따뜻한 햇볕을 받아 빛나는 비단처럼 아름다운 동네로, 우리말로 '다순구미'라고 한다. 이름은 예쁘지만, 실상은 참으로 가난한 달동네다. 진도, 완도, 신안에 살던 뱃사람들이 목포가 성장하기 전부터 이곳에 터전을 잡고 살았는데, 남자들은 바다로 나가고 아내들은 생선 운반과 어망을 수리하며 생계를 이었다고 한다. 언덕에서 어부의 가족들이 돌아오는 배에 걸린 깃발을 보면 만선인지 사고가 있었는지 바로 소식을 알 수 있었다고 한다.

木
浦

木
浦

동네 어귀에 들어서면 먼저 거대한 공장 부지가 우리를 놀라게 한다. 꽤 오랫동안 가동이 멈춘 폐공장임은 분명한데, 규모가 상당하다. 의문은 마을 슈퍼에 모인 어르신들에게서 바로 풀 수 있었다. 폐공장은 놀랍게도 일제의 잔재였다. 1938년, 일본이 우리나라를 병참 기지화하면서 많은 군수 공장을 세웠는데, 벽돌 수요가 늘면서 인천과 배로 연결되는 목포 온금동에는 벽돌 공장을 세웠다는 것이다. 보통 벽돌이 아니라 '내화'라고 고온에 견디는 특수한 벽돌을 만들었다고 한다.

바로 이 '조선내화주식회사'의 노동자는 징용으로 끌려온 조선의 젊은이가 대부분이었다. 이곳에는 벽돌 재료인 유달산의 흙을 실어 내렸을 시설로 추측되는 갱도가 지금도 남아있다고 한다. 한국 현대사의 산업 유산으로서의 가치가 인정되어 2017년에 국가등록문화재로 지정되었고, 지금은 지붕을 철거한 채 새로운 문화공간으로의 활용을 고민 중이다.

공장에 관해 이런저런 이야기를 해 주신 어르신들… 이들이 모여 계신 슈퍼는 간판도 없는 가게라 그런지 더 정겹다. 어르신들은 화투 놀이를 하고 계셨는데, 알록달록한 화투패에 반한 캐머런은 신이 나서 카메라에 담았다. 포커랑 어떤 점이 다르고 같은지 열심히 물어보며 신기해한다. 어르신들은 우물이 동네 곳곳에 있으니 꼭 보고 가라며 다음 행선지를 추천해 주신다.

슈퍼를 나서자 길이 이제 본격적으로 가팔라진다. 언덕 중간쯤 오르자 과연 우물이 나타났다. 꽤 큰 규모의 우물 뒤에는 2기의 비석이 서 있고 내력을 설명해주는 표지석도 있다. 이 우물은 비석과 함께 '온금동 큰 샘과 비군'이라는 명칭으로 2012년에 목포시문화유산으로 지정되었다. 온금동은 고지대인 만큼 물이 귀했는데, 1922년에 정인호라는 인물이 마을 사람들을 위해 기금을 내 우물을 조성했다고 한다. 그러니까 무려 100년이 된 우물인 셈인데, 세월의 더께도 아름답지만, 무엇보다 인상적인 것은 삶의 한 장면 안에 고스란히 놓여 있다는 점이다. 우물 덮개 위에는 약초로 보이는 풀들이 한가득 말려지고 있었고, 우물 바로 위에는 빨랫줄이 지나간다. 오늘따라 빨랫감이 넘친 것인지 원래 그런 것인지 모르지만, 공덕비 위에도 빨래가 말라 가는 게 재미있다. 잘 보존된 박물관 안의 유물이 아니라, 지금 이 마을 분들의 삶과 하나 되어 여전히 살아 숨 쉬고 있다는 것이다.

걸음을 재촉하여 언덕 정상까지 올라가 보았다. 위로 올라갈수록 빈집이 많아지더니, 언덕 정상에 서서 둘러보면 주변은 완전한 폐허다. 폐허가 주는 미학도 분명히 있지만, 그 정도가 심한 그야말로 황무지다. 그런데 또 아이러니한 게, 전망은 기가 막힌다. 늘 가장 높고 가장 가난한 동네가 보석 같은 아름다움을 지니고 있다. 이곳에 서서 바다를 바라보니, 마을 초입 슈퍼에서 들었던 설명처럼, 배를 타고 나간 남편 혹은 아버지가 만선의 기쁨에 들떠 돌아오기만 바랐을 가족들의 마음이 절로 그려진다.

내려가는 길은 일부러 다른 길을 택했다. 언덕에 오를 때는 힘들어서인지 잘 보이지 않던 것들이 내려갈 때는 보인다. 이를테면, 바닥에 찍힌

木
浦

개 발바닥 자국 같은 것들 말이다.

'이 마을에 새로 시멘트를 깔 때 동네 개들도 신이 나서 뛰어다닌 걸까?'

'어? 저 집은 락앤락 통을 문에 붙여서 우편함으로 쓰고 있네!'

이런 작고 사소하지만 귀여운 상상을 자아내는 것들을 발견하며 내려간다. 그러다가 문득 뒤를 돌아다보면 폐허가 된 집들을 배경으로 목포의 새로운 상징이 된 케이블카가 보인다. 그렇게 목포의 '올드 앤 뉴'를 보여주는 기가 막힌 사진이 만들어진다.

온금동에는 관광객을 위한 어떠한 편의시설도 없다. 시화 골목을 찾는 관광객 십 분의 일, 아니 백 분의 일이라도 이 골목을 찾아올지 모르겠다. 하지만 이 한적하고 조용한 골목을 거닐며 다른 어떤 것에도 현혹되지 않고 오롯이 골목의 구석구석을 바라볼 수 있었고, 목포를 다른 어느 곳에서보다도 더 깊이 알게 된 것 같다.

근대역사문화 골목

이제 언덕에서 평지로 내려온다. 좁고 구불구불한 골목이 아니라 시원하게 뻗은, 마치 계획도시 같은 널찍널찍한 길들을 만나게 된다. 그것부터가 의미심장한 대비이다. 시화 골목, 다순구미 골목은 일제강점기에 가난한 조선인들이 살았던 곳이다. 하지만 지금 우리가 서 있는 목포 근대역사문화 골목은 일본인들이 살았던 거리였다.

목포는 1897년 우리나라에서 네 번째로 개항한 곳으로, 일제강점기에는 쌀과 면화 등 특산물을 일본으로 보내기 위한 거점 항구로 이용됐다. 따라서 일본인들이 주로 살던 목포에는 각종 상업 시설과 회사, 공장 등이 모여 있었고, 근대 교육기관과 병원, 교회와 천주교 성당, 심지어 백화점까지 있었다.

물론 부산이 첫 번째이자 가장 대표적인 개항 도시이지만, 정작 부산은 급격한 산업화로 인해 원형 그대로 보존된 근대 문화유산을 만나기가 쉽지 않고, 있다고 해도 도시 전역에 걸쳐 넓게 퍼져 있다. 그렇지만 목포는 걸어서 10분 남짓한 거리 곳곳에 근대식 건물들이 모여 있다.

말하자면, 목포는 '근대역사문화 골목'을 전국에서 가장 잘 조성해 놓은 곳이다.

여정의 시작은 '구 목포 일본 영사관'이다. 이곳은 1900년대에 지은 건물로는 가장 잘 보존된 것으로, 최근 드라마 〈호텔 델루나〉의 촬영지로 더욱 유명해졌는데, 과연 붉은색 벽돌 건물이 매우 아름답다. 하지만 이 아름다운 건물을 아름답다고만 단순히 말할 수 없는 역사적 비극이 존재한다. 보수공사를 할 때 벽돌 뒷면에 '대판大阪, 오사카'이라고 새긴 글자가 확인되었다. 또 아치 형태의 창문 위에는 동그란 원이 그려져 있는데, 과거에는 일왕을 상징하는 국화가 그려져 있었다고 한다. 즉, 외관에서부터 일본 제국주의의 흔적이 느껴진다.

건물 내부에 들어서면 더욱더 그러하다. 층마다 있는 벽난로가 사치스럽기까지 한데, 외부의 대리석은 이탈리아에서 가져왔고, 내부의 타일은 영국에서 가져온 것이라고 한다. 일제는 조선을 영구히 지배할 것으로 예상했고, 그래서 최대한 정성스럽게 이 건물을 지었다. 2층으로 올라가면 한가운데에 햇살이 가득 들어오는 창이 있다. 그 창에 다가서면 이 영사관의 위치 자체가 '지배'를 위한 완벽한 장소임을 깨닫게 한다. 일본은 늘 가장 좋은 자리에 영사관을 짓고 그곳을 중심으로 해서 일본인들의 거주지를 조성했다고 한다. 이곳은 목포의 구도심 한가운데에 우뚝 서 있으며, 모든 도로가 이곳을 향한다. 목포는 '1흑 3백'이라고 해서 김, 쌀, 소금, 목화를 수탈당했는데, 당시 사람들은 아마 이곳에서 우리나라의 특산물을 싣고 일본으로 가는 배의 모습을 착잡한 심정으로

木
浦

바라보았을 것이다.

'구 목포 일본 영사관'은 골목이 아니다. 하지만 목포의 언덕길과 평지의 길이 왜 이토록 다른지와 목포가 처한 역사적 숙명에 관해 처절히 깨닫게 하는 장소였다. 그래서 목포의 근대역사문화 골목의 시작을 여는 장소로 부족함이 없었다.

이제 본격적으로 골목을 헤맨다. 아니 '헤맨다'라고 표현할 수 없는 것이 근대역사문화 골목은 횡으로, 즉 바다를 마주 보고 오른쪽에서 왼쪽으로 걸어가면 된다. 넓은 신작로를 따라 일본의 부유한 상인들이 살았던 집들(적산가옥)을 볼 수 있다. 일부는 〈장군의 아들〉과 같은 영화 촬영지로 쓰이기도 했고, 또 일부는 카페나 과자점 등으로 활용되고 있다.

적산가옥의 내부가 궁금하다면 '박석규미술관'을 방문하면 된다. 이건 사실 굉장한 꿀팁(!)인 셈인데, 적산가옥의 내부를 보기란 쉽지 않기 때문이다. 아직 사유지인 곳은 출입이 엄격히 금지되고, 카페나 과자점으로 변모한 곳은 내부가 너무 많이 훼손되어 있었기 때문이다. 사전 답사할 때 꽤 오랜 시간을 들여 집주인들에게 간절히 부탁도 해봤지만, 모두 거절당했었다. 하지만 이곳 박석규미술관은 2015년부터 목포 문화예술인들의 협동조합으로 운영되고 있어 누구든 둘러볼 수 있다. 미술관으로 꾸민 1층을 지나 2층으로 올라서면 긴 복도와 여러 개의 방, 다다미와 격자로 된 나무 창틀 등 일본식 가옥의 특징을 느껴볼 수 있다.

박석규미술관은 원래 '동아부인상회 목포 지점'으로 쓰였는데, 1937년 〈동아일보〉 기사에서는 이곳을 '목포의 대백화점'으로 표현하기까지 했다. 1930년대에 백화점이라니! 하지만 무리가 아니다. 당시 목포는 서울 명동에 비교되는 번화가였다고 한다. 당시 화려했던 거리의 사진이 '갑자옥모자점' 앞에 전시되어 있으니 꼭 살펴볼 만하다. 사진을 들여다 보면, 거리는 화려한 모양의 가로등이 즐비하다. 그것도 가스등이 아니라 전기등이다. 당시 밤에 전기가 들어와 불야성을 이루는 거리가 전국에 몇 개나 존재했을까? 자세히 보면 사진 속 사람들은 대부분 일본인이다. 가게 간판은 전부 일본어이고, 기모노를 입고 있는 여성들이 보인다. 이 거리는 그야말로 일본인들의 거리였다.

마치 계획도시처럼 반듯반듯한 길이라도 그 사이사이에는 좁은 골목이 있다. 어디로 한번 들어갈까 고민하던 차에 유난히 좁은 틈이 보인다. 아마 안에 여관이 있는 모양인지 '용궁장'이라고 쓰인 간판을 가리키며 궁금해하는 캐머런에게 '드래건 플레이스'라고 풀어주니 단박에 호기심 어린 표정이다. 한 명이 겨우 들어갈 좁은 틈으로 들어서니 어두컴컴한 터널이 4, 5초간 이어지다가 느닷없이 탁 트인 공간이 나온다. 이렇게 좁은 틈 안에 이렇게 넓은 공간이 나오다니…. 마술 주머니 같다. 환한 햇살 속에 드러난 것은 아름다운 붉은 벽돌 건물이다. 책을 펼쳐서 엎어놓은 모양인 박공지붕 형태의 창고 세 개가 나란히 있는 구조인데, 지붕이 뾰족한 건물 세 개가 모여 있으니, 마치 왕관처럼 보인다. 셋 중 하나는 핑크색이고 둘은 붉은색인데, 세월의 흔적인지 군데군데 색이 바래 더욱더 아름답다.

창고 안에서 바쁘게 작업 중인 대표를 만나 설명을 들어보았다. 대표

木
浦

는 삼촌에게서 이 창고를 물려받은 지 60년이 흘렀다고 한다. 대표의 이야기로는 일제강점기에 영산포나 나주에서 실려 온 목화가 이곳 창고에 머물다가 일본으로 실려 갔다고 한다. 지금 창고 안은 김이 보관되어 있다. 이 역시 아마도 일본으로 수출되는 것으로 추측된다. 세 개의 창고마다 출입구가 따로 있지만, 내부에는 작은 문이 서로 연결되어 있다. 지금은 시멘트로 덮인 바닥도 원래는 목재로 되어 있었고, 천장만 지금도 목재로 되어 있다. 언제 지었는지 기록을 찾아보았지만, 1964년에 처음 공문서에 등록되었을 뿐, 정확한 시기는 기록이 없다. 다만, 1954년에 찍힌 항공사진에도 나타나고 있어서 훨씬 오래전에 지은 것으로 추정된다.

1897년 목포가 무역항이 되고, 1914년 호남선이 개통되면서 주변에 많은 창고가 생겼는데, 이 붉은 벽돌 창고는 그중 원형이 가장 잘 남아있는 곳이자 식민지 수탈 창고를 보여준다는 데 의미가 크다고 한다.

카메라를 가만히 세워 두고 타임랩스를 찍는다. 붉은 왕관 같은 창고 건물 위로 구름이 흐르고 드문드문 사람들이 지나간다. 어쩌면 100년 동안 이곳을 지켜 왔을 공간과 흐르는 시간을 보여주는 멋진 그림이 될 것이다.

붉은 벽돌 창고를 지나 조금만 걸으면 다시 큰길로 이어진다. 골목의 특성이자 매력이다. 근대역사문화 골목을 거닐 기회가 있다면 용기를 내어 좁은 골목 안으로 들어가 보길 권한다. 교과서에 나오지 않는 숨은 보석 같은 이야기를 만날지도 모른다.

목포 오거리에는 '중깐'이 있다

붉은 벽돌 창고에서 좀 더 걸어가면 오거리가 나온다. 군이 이정표를 보지 않아도 알아보기 쉬운, 말 그대로 다섯 갈래 길이다. 이 오거리가 조선인과 일본인 거주 지역의 경계였다고 한다. 즉, 일본 영사관에서 오거리까지가 일본인의 거리라면 오거리부터는 조선인 구역인 셈이다. 경계는 '구분'이기도 하지만, 달리 보면 '교류'를 뜻하는 것 아니겠는가. 그래서인지 이 오거리는 한때 목포에서 가장 유동인구가 많았던 장소였고, 지금도 상업 시설들이 즐비하다.

'코롬방제과'도 그중 하나이다. 누가 분류했는지는 모르겠지만, 군산의 이성당, 대전의 성심당과 함께 전국 5대 빵집 중 하나로 꼽힌다. 코롬방제과는 1949년에 문을 연 빵집으로, 무려 70년이 넘는 역사를 지니고 있다. 전국 최초로 생크림을 사용한 생크림케이크 판매를 시작한 곳이기도 하다. 크림치즈 바게트와 새우 치즈 바게트가 별미이다. 빵만을 목적으로 한 식도락 여행이 젊은이들 사이에서 유행한다는데, 전국에 이

木
浦

처럼 내실 있고 유서 깊은 빵집, 카페, 서점이 더욱더 활성화되면 좋겠다는 생각도 해본다.

하지만 우리의 눈길을 끈 것은 코롬방제과 바로 맞은편의 '중화루'이다. 이곳은 코롬방제과보다도 더 오래되었다. 1947년 문을 열 이래로 무려 3대째 이어 가고 있는 가게다. 최근 리모델링했는지 내부는 매우 깨끗하고 쾌적하여 다소 아쉽다. 하지만 벽에 걸린 예전 메뉴판과 빛바랜 사진들이 과거의 역사를 느끼게 해준다. 1965년 메뉴판을 살펴보니, '짜장 60', '간짜장 80'으로 표기되어 있다. 아마도 화폐 단위가 '환'일 것이다. 재밌는 것은 '남쨤윈스'라고 적혀 있는데, 아마도 '난젠완쯔(난자완스)'를 뜻하는 것이리라. 사진을 자세히 들여다보면, 가게를 배경으로 양복 차림의 신사 네 명이 서 있는데, 지금 위치 그대로이다.

이곳에는 전국에서 목포에만 있는 자장면인 '중깐'이 있다. 중깐은 곱게 다진 채소와 돼지고기를 센 불로 볶은 다음, 가늘게 뽑은 면에 비벼 먹는 자장면이다. 개인적으로는 얇은 면을 좋아하는지라 촬영하는 내내 군침이 넘어갔다. 헌팅 때, 촬영할 때, 보충 촬영을 할 때 등 세 번이나 먹었는데도 늘 맛있었다. 글을 쓰는 지금도 침이 고인다. 식탐이 없는 나로서는 매우 드문 일이다.

캐머런도 서울에서 자장면을 즐겨 먹었다고 한다. 자장면은 이제 한국인만의 요리가 아니라, 한국에 거주하는 외국인이라면 누구나 즐겨 먹는 요리가 되었다. 중국의 자장면은 우리나라의 자장면과 다르다고 한다. 그 '한국식 자장면'이 목포에서는 '중깐'으로 다시 변주하였다. 캐머런이 미국에서 먹었다는 미국식 중화요리와는 또 다를 것이다. 단순히 면만 얇은 것이 아니다. 흡사 칼국수 면발 같은데 더 탱글탱글하다. 소스도 고기와 야채를 잘게 다져 입자는 작은데, 일반 자장면 소스보다 오히려 밀도가 있고 진하게 느껴진다. 그래서인지 가격도 일반 자장면 보다 더 비싸다.

　도대체 이 중깐은 언제 어떤 연유로 만들게 된 걸까? 음식점 대표를 만나 이야기를 들어보았다. 중깐은 2대 사장님이 만든 것으로, 탕수육이나 깐풍기 등의 요리를 먹고 배부른 손님들이 부담 없이 먹을 수 있게 얇은 면과 다진 채소 그리고 돼지고기로 자장면을 만들면서 탄생한 것이다. 즉, 요리를 배불리 먹은 후에 먹는 간단한 식사였다. 중깐이라는 이름은 '중화루의 간짜장'을 가리키는 말로, 메뉴 이름이 없었던 시절에 손님들이 "중화루에 간짜장 먹으러 가자."라는 말을 줄여서 하다 보니 '중깐'이 되었다고 한다.

　지금의 3대 사장님이 가게를 맡은 건 1995년부터이다. 25년 동안에도 많은 것이 바뀌었다고 한다. 한때 '목포 오거리파'가 전국에 이름을 날릴 만큼 사람과 돈이 넘쳐났던 이 오거리는 점점 쇠락하게 되었다. 오랜 역사를 지닌 오거리의 터줏대감들이 하나둘 떠나고, 남은 것은 제과점과 중화루뿐이다. 그 과정을 묵묵히 지켜본 음식점 대표는 착잡한 심정에 마음이 시렸다고 한다. 반가운 소식은 4대째 이어 갈 것이라고 한다. 세 번 방문했는데, 그때마다 성실한 젊은이가 우리를 반겼다. 바로 3대 사장님의 아들이다. 이변이 없다면 중화루의 4대 사장님이 될 것이고, 우리나라는 훌륭한 '100년 맛집'을 또 하나 갖게 될 것이다.

木
浦

주방과 식당을 오가며 셔터를 누르던 캐머런의 라스트 컷은 역시 3대 사장님이었다. 캐머런은 가게에 걸린 흑백사진과 같은 구도를 만들어본다. 사장님이 가게를 배경으로 뒷짐 지고 카메라를 바라본다. 70년을 넘어 100년을 향해 가는 올곧은 맛집이라는 자부심과 당당함이 느껴지는 사진이다. 사실은 대를 이을 아들과 함께 투샷을 찍고 싶었는데, 아들이 부끄러워한다. 서두를 일은 아니지 않은가. 흐뭇한 마음으로 중화루를 떠난다.

캐머런의 클로징 멘트

 목포의 마지막 아이템은 '목포진역사공원'이다. '목포진'은 조선시대에 목포에 설치된 수군의 진영을 말한다. 그 역사는 세종대왕 시대까지 거슬러 올라간다. 목포는 지리적으로 강과 바다가 만나는 해로의 요충지로, 나라에서 걷는 세곡을 운반하는 조운선의 거점이었다. 이 조운선을 노리는 왜적의 침입이 빈번해 이를 막기 위해 세종이 1439년에 수군진을 설치했다는 것이다.

 일제강점기를 거치면서 목포진의 성벽과 관청의 흔적은 사라졌다. 해방 이후에도 목포진이 있던 언덕에는 민가가 빼곡히 들어서면서 역사유적지로서의 면모는 찾아보기 어려웠다. 2014년에야 역사공원 형태로 유적이 복원되었다. 근대역사문화 골목 한가운데에 높이 솟은 언덕 위에 있어, 목포의 골목을 이리저리 헤매다 고개를 들면 어디서든 목포진이 보였다. 그래서 목포진으로 오르는 길은 여러 개가 있다. 제작진이 발견한 길만 해도 세 개였다. 그 하나하나가 모두 매력이 있어 고민되었지만, '수미쌍관'의 의미를 살리기 위해 오프닝을 시작한 목포항에서 올라

木
浦

가는 길을 택했다.

목포항에서 수산시장을 관통하여 나아가면 곧 두 여관 사이로 난 좁디좁은 계단이 보이는데, 이곳이 목포진으로 오르는 길이다. 여관은 이미 폐허가 된 지 오래다. 그 한편에는 버려진 어상자가 보인다. 목포의 마지막 여정에서 첫 번째 아이템을 만나게 되니 반갑고도 아련하다. 버려진 어상자 사이로 녹색 풀이 자라고 있다. 캐머런은 지금까지 살펴본 목포를 축약한 모습 같다면서 사진에 담는다.

목포진으로 가는 길 중 아마 가장 지름길이 아닐까 싶을 만큼 경사가 가파르다. 헉헉대며 오르는데 사방은 온통 버려진 집들의 폐허다. 오늘따라 햇살이 없어 더욱 을씨년스럽다. 하지만 캐머런의 카메라는 폐허를 보듬는다. 폐허 사이로 누군가 가꾸는 작은 텃밭을 경이로워하고, 부숴진 채 버려진 변기, 숨은그림찾기처럼 폐허 사이 절묘하게 숨어 있는 고양이들을 발견한다.

다리 근육이 잔뜩 당겨지는 것을 느끼며 마지막 고비를 넘기면, 목포진의 깃발이 보인다. 새로 복원된 것이지만, 제법 멋스럽고 웅장하게 조선시대 해군 기지의 위용을 느낄 수 있다. 목포진 꼭대기에서 올라서면 한눈에 목포의 찬란한 바다가 펼쳐진다. 그리고 거쳐 온 모든 길이 보인다. 목포항과 어상자, 시화 골목과 온금동, 구 일본 영사관과 근대역사문화 골목….

과연 이곳에 서서 캐머런은 어떤 클로징 멘트를 할까? 어떤 말들로 목포를 기억할까? 일부러 아무런 디렉션을 주지 않는다. 마지막인 만큼 급

木
浦

할 것도 없다. 충분한 시간을 주고 다만, 솔직하고 진심 어린 클로징 멘트를 해 달라고 했다. 캐머런은 '아이러니'라는 단어로 이야기를 시작한다. 조선시대 왜구를 방어하던 해군 기지였던 목포가 일제 침략과 수탈의 근거지 중 하나가 되어 버린 역사를 두고 하는 말이다. 그리고 이렇게 덧붙인다. "역사는 잊는 것이 아니라, 우리가 극복한 역경을 기억하는 한 방법"이라고 말이다.

사실 이때 매우 놀랐다. 그리고 감동했다. 짧다면 짧은 여정인데 어떻게 저런 표현을 할 수 있을까….

캐머런과의 첫 만남이 떠올랐다. 목포의 허름한 모텔 앞에서 첫인사를 나누는데, 야단났구나 싶었다. 피디 생활을 하면서 적지 않게 외국인들과 협업할 기회가 있었는데, 거의 100퍼센트라고 할 정도로 모두가 굉장히 활달했었다.

"Hey~ What's up!"

초면임에도 먼저 와서 말을 걸고 몸동작도 크다. 그런데 캐머런은 전혀 달랐다. 목소리도 작고 수줍은 듯 무표정한 듯… 창백한 '아이스맨'이 떠올랐다. 일정을 조정하더라도 '아이스 브레이킹'을 먼저 해야겠다고 생각했다.

그날 밤 목포의 돌곱창과 낙지를 앞에 두고 이런저런 이야기를 하다 보니 안도의 한숨을 쉴 수 있었다.

'차가운 게 아니라 순수하구나, 진지하구나….'

캐머런은 미국 텍사스에서 자랐으며 대학에서 미술을 공부하던 중 사진에 매료되었다고 한다. 대학 졸업 후 자연의 아름다움을 찾아 콜로라도로 이사했으며, 그곳에서 다양한 사진을 찍었다. 그러다가 2015년 중국 여행을 다녀온 뒤 아시아에 푹 빠진 캐머런은 2016년부터 우리나라에 체류하며 사진을 찍어 왔다. 첫인상과 달리 캐머런은 참 무던하고 듬직한 사람이었다. 직장 때문에 촬영 기간 내내 서울과 목포를 여러 번 오가야 했는데, 힘든 내색 한 번 없이 잘 따라주었다. 처음에는 한국어가 서투르다고 걱정하며 한국인 여자 친구를 동반하고 왔지만, 나중에는 혼자 내려와서도 우리와 잘 소통하였다.

목포를 알아 가면서 역사책 속에만 존재했던, 혹은 점수 따기 공부를 위해 억지로 외워야 했던 그런 역사와는 다른 '살아있는 역사'를 느낄 수 있었다. 목포 이곳저곳에 남아 있는 일제의 흔적을 보면서 마음이 처연해져 왔다. 하지만 이건 한국인인 나만이 느끼는 감정이라 여겼는데, 캐머런의 입을 통해 내가 느낀 처연함이 표현되는 걸 들었을 때는 소름이 돋았다. 소통은 언제나, 특히 낯선 이방인과의 교감은 더욱 짜릿했다. 나는 목포를 조금 알게 되었고, 캐머런도 목포를 알게 되었다. 그리고 우리는 서로를 알게 되었다. 이런 감정이 늘 느껴지는 건 아니다. 행복한 촬영이었다.

이제 정말 끝이다. 지금까지 캐머런이 찍은 모든 사진을 건네받고 목포역까지 데려다주었다. 목포역 앞에서 헤어지기 직전에 다 함께 사진을 찍었다. 진정한 '라스트 컷'인 셈이다. 아이러니하게도 포비든 앨리를 작업하면서 지난 3년간 찍은 라스트 컷 중에는 잘 나온 게 없다. 호스트

木
浦

는 사진작가이고, 프로 카메라 감독이 둘이나 있는데도 말이다. 다들 지
치고 피곤해서 그럴 것이다. 자세히 보면 눈도 풀려 있다. 하지만 오래 들
여다보게 되는 것은 바로 이런 사진이다.

어린 시절, 골목은 내게 '오징어 게임'의 공간이었다. 학교에서 돌아오자마자 오징어 게임 선 긋기로 그곳에서의 일과가 시작되었다. 오징어 게임의 외발뛰기가 지루해질 틈도 없이 구슬치기, 자치기, 딱지치기, 말뚝박기, 다방구 놀이 등이 곧바로 이어진다. 어느새 해가 뉘엿뉘엿 넘어가고 가로등 불빛이 하나둘씩 켜질 무렵 '00아! 밥 먹어라~' 외치는 엄마의 부름에 비로소 그곳에서의 아쉬운 일과가 끝나는 그런 공간이었다.

〈포비든 앨리〉는 세계 각국의 골목 이야기를 담아내고 있는 부산MBC의 TV 다큐멘터리 프로그램이다. 다양한 국적의 사진작가들이 화자로 등장해 카메라 렌즈에 비친 골목의 숨겨진 이야기들을 들려주고 있는데, 2019년부터 매년 시즌제로 제작되어 올해로 네 번째 해를 맞이하고 있다. 〈포비든 앨리〉를 군이 여행 프로그램의 범주에 넣고 보자면, 여행 프로그램의 PD는 촬영지에서 콘텐츠 제작자로서, 그리고 여행자로서의 두 가지 정체성 사이에서 항상 고민하게 된다. 그래서 그 두 가지 정체성의 양면적 시각으로 그 공간을 바라보게 된다. 이 책 《골목이 품고 있는 이야기》는 그런 양면적 시각으로 포비든 앨리 담당 PD들이 바라본 이

시대 우리나라의 골목에 관한 이야기다.

이들에게 골목은 어떤 공간일까? 우선 '과도기의 공간'이다. 부산 호천 마을의 젊은 일꾼 강재성 씨는 골목이 아픈 손가락 같은 존재라고 했고, 대구 복현동 피란민촌의 골목은 우범지역이라 표현되고 있다. 사진작가 제임스는 대전 신안동이 죽어가는 마을이며, Live Alley와 Dead Alley의 기로에 서 있다고 말했다. 이 시대 우리나라의 많은 골목은 오랜 시간의 이야기를 품고 있는 어제의 공간인 동시에 도시재생과 재개발이라는 명목의 내일과 맞닥뜨리고 있는 것이다.

또한, 골목은 '아이러니의 공간'이다. 사진작가 캐머런은 목포진의 골목에 서서 조선시대 왜구를 방어하던 해군 기지였던 목포가 일제 침략과 수탈의 근거지 중 하나가 되어 버린 역사를 두고 "역사는 잊는 것이 아니라, 우리가 극복한 역경을 기억하는 한 방법"이라고 표현했다. 골목은 오랜 역사의 흥망성쇠 속에서의 수많은 아이러니를 지켜보며 묵묵히 그 자리를 지키고 있다.

골목은 또한 '공존의 공간'이다. 대구의 칠성아파트 중정 골목은 주민 모두가 함께하는 커뮤니티 공간이다. 주민들이 추수한 벼를 말리고 있는 경주의 서악마을 골목은 공유재와 사유재의 중간쯤에 자리하고 있다. 골목은 이 시대의 우리에게 공존의 이유를 넌지시 말해 주고 있는 것이다.

마지막으로 골목은 '사람의 공간'이다. 부산 매축지마을의 노부부와 깡깡이마을 시스터즈, 서울 문래동의 원미슈퍼 사장님, 대구 진골목의 미도다방 정 여사 등등 골목은 그곳 사람들에게서 전해진 뭉클한 무언가로 그렇게 기억되고 있다.

나는 현재 내가 살고 있는 아파트에 조성된 산책 골목을 그리 좋아하지 않는다. 인공적으로 조성되었다는 선입견과 함께 리모델링을 응원한다는 문구의 건설회사 플래카드가 여기저기에 즐비하기 때문이다. 그러고 보니 조성한 지 30년이 다 되어 가는 아파트의 그 골목 역시 리모델링이라는 과도기를 맞이하고 있다. 아이러니하게도 인공 콘크리트 벽 사이로 자리 잡은 나무와 꽃들이 이제는 제법 무성하게 자라고 있으며, 반상회를 대신해 아파트 주민들이 이야기를 나누는 공존의 공간이 되어 주고 있다. 한 바구니에 5천 원 하는 나물 몇 가지를 내어놓고 앉아 있는 골목의 터줏대감 할머니, 엄마가 산책시키는 강아지 뒤를 신나게 쫓아가는 어린아이, 최신 유행의 운동복을 함께 차려입고 뛰어가는 젊은 커플 등등의 익숙한 사람들의 얼굴은 이미 내가 그 골목을 떠올리는 방식이 되어 있다. 갑자기 이번 주말에는 아주 천천히 그 골목을 산책하고 싶어진다.

말 안 듣기로 유명한 PD들과의 힘겨운 작업을 통해 이렇게 훌륭한 책으로 엮어 주신 MBC C&I 관계자 여러분께 진심으로 감사드리며, 네 번째 시즌의 촬영을 앞둔 〈포비든 앨리〉 PD들이 가져다줄 또 다른 골목의 숨겨진 이야기들을 기대해 본다.

손주성
다섯 작가의 선배이자, 부산MBC 편성제작국장